太陽の昇る国

日本というあり方

幸福実現党 党首
釈 量子

Aspiration 志

幸福実現党の党本部ビルは、港区赤坂にあります。六本木通りに面していて、近くには国会議事堂や首相官邸も。まさしく政治の中枢の地です。

幸福
実現党

Passion

情熱

街頭演説で全国各地を飛び回りました。

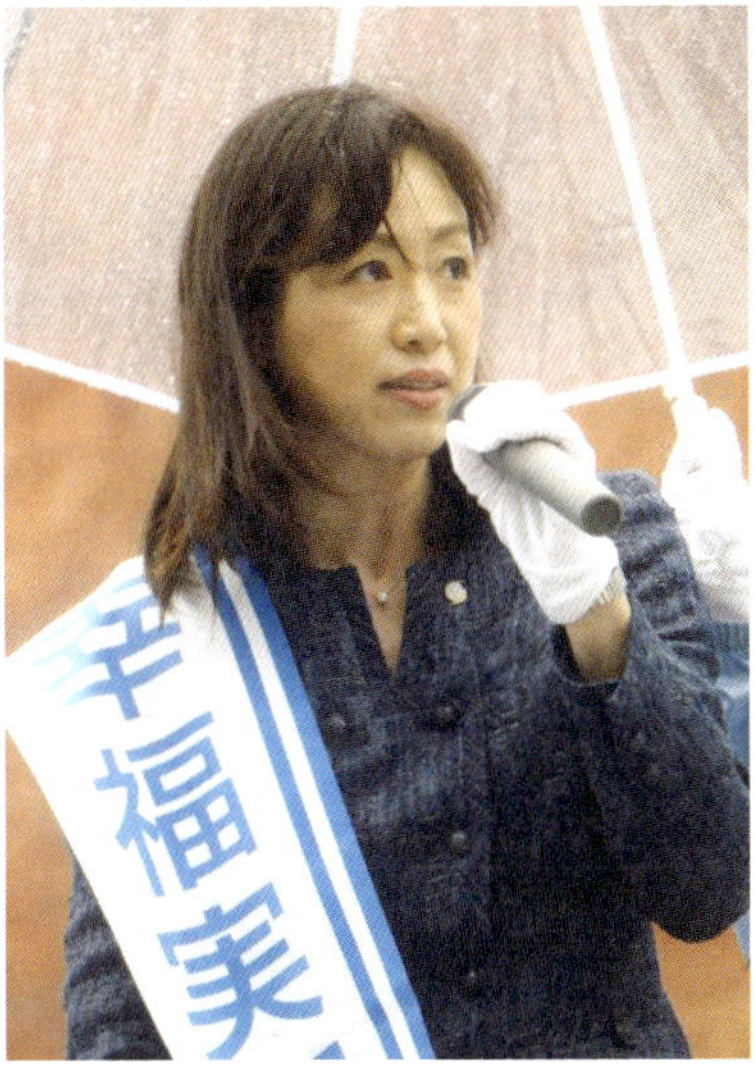

Special Thanks

感謝

支援してくださる方、お一人おひとりとのご縁が何よりありがたいです。

使命 Mission

党本部では、志を同じくする人たちと、
日本の誇りを取り戻すために、
ときには、激論を交わすことも。

幸福

Prayer

祈り

毎年、靖国神社に参拝しています。
目には見えない世界からの熱いまなざしも感じます。

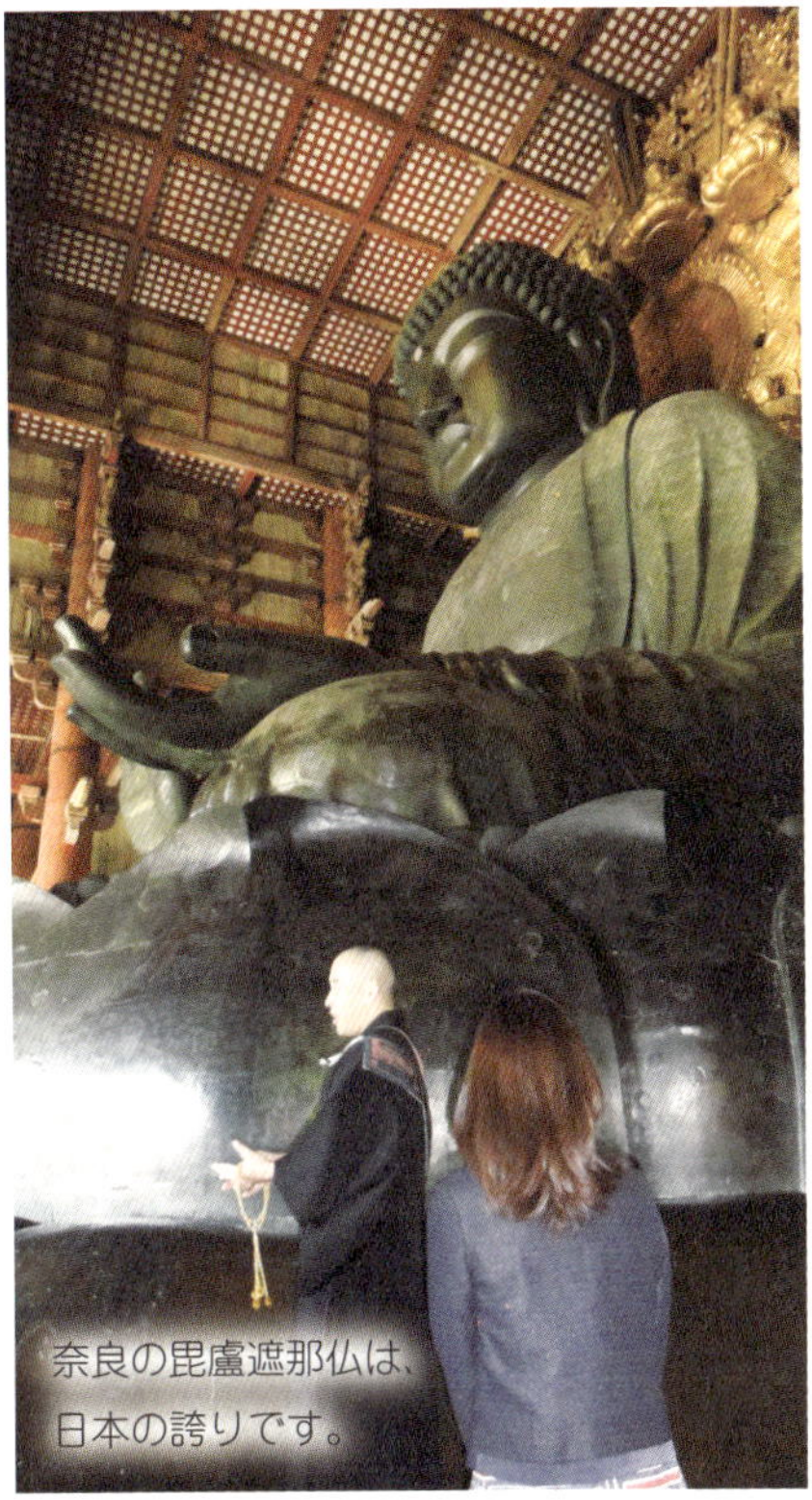

奈良の毘盧遮那仏は、
日本の誇りです。

世界に発信できる政治家を目指したとき、勉強に限りはありません。

努力

Efforts

ジョギングをはじめ、体力づくりは
政治活動を支えるために欠かせません。

68歳になって、うどん・そばの店を起業した母。
生き生き元気に生涯現役人生を地で行っています。

赤坂界隈には、幕末や明治維新の英雄たちの息吹が今も残っています。

癒し
Refresh

まえがき

先日、山口県萩市に行った際、木戸孝允《たかよし》先生の生家を見てきました。柱にこんな落書きがありました。

「死して後、已《や》む」（死ぬまで努力する）

世の中を変えんとした志士たちは、勉強に次ぐ勉強で自分を磨き、あちらに立派な人がいると聞けば直接足を運び、日本の危機をどう乗り切るか、熱く語り合いながら奔走していました。

明治期の日本は、「坂の上の雲」を目指した青春の一幕のような彩《いろど》りがあります。

しかし、日本のドラマはあの時代で終わったわけではありません。これから、再び新しい物語が始まるのです。

それは、「坂の上の雲」を突き抜け、ライジング・サン、「太陽の昇る国」となって、混迷する世界を明るく照らす、新生日本の到来です。

ドラマの主役は、ほかでもない、現代に生きる日本人一人ひとりです。私たちはそのために生まれてきたのです。

そうした国づくりの志を、多くの皆様と共有すべく、このたび、9人の方々との対談を中心に、一冊の本を編ませていただきました。

対談した皆様は、いずれも各界で壮絶な精進を重ね、時代を拓くべく、戦ってこられた方々です。そのような皆様との語らいを通して、日本と世界が突破すべき課題について考えてみました。

渡部昇一《わたなべしょういち》先生は、私が1991年に幸福実現党創立者・大川隆法総裁との対談（『フランクリー・スピーキング』〈幸福の科学出版刊〉に所収）を読んで以来、数々のご著書を通じて啓発を受け続けた「学恩」ある方です。わが党には熱烈なファンが多く、党の青年女子の一人は、「父親に『渡部史観』で育てられた結果、高校の日本史の時間に、左翼の先生と戦えるようになりました」と豪語していました。素顔の先生は、知性とユーモアに溢れ、とびきり素敵でいらっしゃいます。

平松茂雄《しげお》先生は、中国軍事研究の第一人者です。「中国に日本は呑み込まれる」などと言おうものなら鼻で嗤《わら》われた時代に、一人警鐘を鳴らし続けてきた現代のサムライです。

本書には収録できませんでしたが、２００４年から中国が東シナ海に建設を始めた石油ガス田を、平松先生が飛行機で上空から視察したとき、中国人民解放軍は「歓迎平松先生」という横断幕を用意して待っていたそうです。最近の中国軍の動きを見ると、先生の本を読んで戦略を立てているのではと思えるときもあります。

海外では、アメリカのワシントンD.C.でラビア・カーディル女史と語らいました。東トルキスタンに生まれ、中国共産党の弾圧に屈せず、アメリカに亡命してからも「ウイグルの母」として民族のために今日も戦っている方です。神から送り込まれたとしか言いようのない、大きな器を持った女性です。

「香港民主化運動の父」とされるマーティン・リー氏は敬虔《けいけん》なクリスチャンで、「時代の潮流が民主化の方向に向かうのは神の意志だ」と力強く語られました。

個性派スーパーの北野エースを経営する北野秀雄《ひでお》社長は、周囲の人がみんなファンになってしまう不思議な魅力を持った方です。驚くほど豊富な品揃《しなぞろ》えと高付加価値路線の店舗展開は人気TV番組「ガイアの夜明け」や「カンブリア宮殿」で紹介され、話題になりました。今回は対談の一部しか紹介できないのが残念ですが、実体経済を読み解く貴重なお話をいただけました。

木全聖子《きまたしょうこ》さんと諏訪裕子《すわひろこ》さんは、「ユー・アー・エンゼル！（あなたは天使！）」運動と不登校児支援スクール「ネバー・マインド」というボランティア活動のリーダーです。障害者や不登校の子供たちの不安や悩みに向き合うとともに、その子のご両親をも励まし、実際に多くのご家族を救済してきた実績があります。

幸福実現党財務局長の七海《なな み》ひろこさんと、兵庫県で活躍中の湊侑子《みなとゆう こ》さんは、わが党の若手ホープ。無類の励まし上手で、「あげまん」の日本代表とでも言うべき二人です。いずれ国そのものを出世させてくれるのではないかと期待したくなります。

9人との語らいのなかから、幸福実現党が描く未来の方向性を感じ取っていただければ幸いです。

また今回、普段通りの飾らない釈量子を知っていただくために、編集部でインタビューや街宣のダイジェストをＤＶＤにまとめてくださいました。経済学者の鈴木真実《ま み》哉《や》先生、釈量子後援会の安田永一会長はじめ、ご登場くださいました皆様に深く感謝申し上げます。

幸福実現党を理解していただくための一助となれば幸いです。

２０１５年１月24日

幸福実現党党首　釈量子

Contents

日本が現在抱えている問題

七海ひろこ
Hiroko Nanami

1984年、東京都生まれ。慶應義塾大学法学部卒業。株式会社NTTデータを経て、宗教法人幸福の科学に入局。国際局長、理事などを歴任。幸福実現党に入党後、2013年より現職。

1 鼎 談

× 幸福実現党財務局長
七海ひろこ

× 幸福実現党兵庫県本部副代表
湊 侑子

昨年（2014 年）末の衆議院議員選挙を終えて、経済、原発、国防、歴史認識、政教分離など、日本が現在抱えている問題を幸福実現党の若手ホープの女性二人と語り合いました。

湊 侑子
Yuko Minato

1983 年、兵庫県生まれ。関西学院大学文学部卒業後、宗教法人幸福の科学に入局。宗教教育企画局、支部長などを経て、ＨＳ政経塾に入塾、幸福実現党に入党。2013 年より現職。

国家社会主義化が進む日本の税制

釈　私は料理が好きなので、よくスーパーに行くのですが、今（2015年1月6日現在）、牛肉がとても値上がりしていますね。昨年12月には吉野家が牛丼（並盛）を300円から380円に値上げしました。牛丼ファンも、お財布と相談しないといけません。

湊　円安の影響ですね。

釈　原材料費が高騰していて、これから値上げラッシュになります。1月に即席麺、パスタが値上がりし、2月に冷凍食品、3月にアイスクリームと続きます。

先日、野菜を買おうと思ったら、レタスが1個300円もして、ホウレンソウなんか息が止まりそうな値段でした。スーパーに行っても買えるものがなくて、そのまま帰る人が出てくるのではないかと心配になるほど物価が上昇していますね。

この状況下に消費税率がさらに10％に上がったら、本当に大変なことになりますよ。実際、「10％になったら、会社をたたむ」とおっしゃる方もいました。

湊　消費増税の影響はすでに出ていますよね。昨年12月に地元（兵庫県）の卸売市場に行ったのですが、一番活気があるはずの年末の朝8時でも閑散としていました。3年前と比べると、お店がすごく減っていたのです。

七海　消費税を上げれば、消費や投資が減って、景気が冷え込み、所得税や法人税の税収が減るために、かえって全体の税収は減ってしまいます。

釈　安倍晋三首相は、昨年に続いて今年も企業に賃上げを要請していますが、政府が企業の経営にここまで口出しするというのは、国家社会主義の方向に突き進んでいると言えるのではないでしょうか。2015年1月から相続税や贈与税も増税して国民の財産をむしり取りにきていますね。それでも少子高齢化が進み、社会保障費が増大する一方なので、豊かな人への迫害や搾取《さくしゅ》だけではなく、「老人は早く死んでくれないか」と考えるような時代だって来るのではないかと、本当に心配です。政府がすべてを面倒見る社会など成立しません。

目指すべきは繁栄であり、経済成長です。民間企業が元気になる、一番簡単で効果的な経済政策は「減税」です。消費税率10％への引き上げを中止するのはもちろん、5％に引き下げて、消費を活性化させないといけません。

また、消費税の減税は最大の福祉対策にもなります。年金も支給開始年齢が引き上げられていますし、老後の生活は自己防衛が要りますね。

湊　幸福実現党が訴えている、75歳ぐらいまで働き続けられる社会の実現や、高齢者による起業の支援などの「生涯現役社会」は、ご高齢の方にとってとても希望の出る言葉のようです。私はモスバーガーをよく利用するのですが、60歳以上の店員の「モスジーバー」が元気に働いています。接客も丁寧で、食事を提供されるときに話しかけられたりすると、とても嬉しくなります。そのように、もっとお年寄りの方が夢と希望を持って働けるような社会づくりをしたいですね。

釈　昨日、新宿で、昭和5年生まれの現役エステティシャンにお会いしたのですが、輝いていました。私の母は68歳でそば・うどん店を開業したのですが、接客を通して以前とは別人のように性格が丸くなりました。人間いくつになっても志があれば変われるのですね。70歳を過ぎても、「人のお役に立つのが嬉しい」と言う母を見ると、なんだか尊敬の気持ちが湧いてきます。「健康長寿で生涯現役」というモデルが日本でできれば、世界中の高齢者も希望を持てますね。

七海　日本は今、国家による管理が強まりつつありますが、社会保障によって国が高齢者の面倒を見、学校教育の無償化で国が子供を育てるようになると、実は家族の絆が弱くなっていってしまうのではないでしょうか。政府のばらまきによるのではなく、国民が自分で働いて貯めたお金を自由に使って、家族で助け合えるようにすることが、結局、絆をつくっていくことになると思います。そういう意味でも、減税こそが最大の福祉政策になると思います。

釈　今の政治は、一見、人に優しいのですが、実は人間を悪くする方向にシステムが走って

しまっています。これを大きく転換したいですね。

日本には原発が必要である

七海　消費増税とともに個人や企業の負担になっているのが電気料金の上昇です。現在、原発を停止しているため、火力発電の燃料費に1日あたり約100億円かかっています。それが電気料金の値上げになっているのですよね。昨年12月にようやく福井県の高浜原発も再稼働の見通しが立ちましたが、多くのテナントを持つ新潟県のある企業からは、「電気代が高くて、テナントがもたないから、とにかく原発を再稼働してほしい」と懇願されました。そうした声は多くの方からいただいています。

湊　ただ、一方で、原発に関しては、放射線に対する不安の声も大きいですよね。「原発事故による放射線の被害はありません」と言うと、「被災地のことを考えていない。無神経だ」と言われてしまうこともあります。だから、原発再稼働は感情面からも納得していただけるようにお伝えしないといけないなと思います。

七海　自然界にはもともと太陽光などの低線量の放射線は存在していて、WHO（世界保健機関）などの国際機関でも、「年間100ミリシーベルト以下の放射線による人体への影響は認められない」としています。民主党やマスコミが大騒ぎしていた線量は、もっとずっと低いものでしたが、まったく怖がるものではないのですよね。そうしたこともお伝えして、原発に対する不安を取り除いていきたいですね。

釈 昨年、北陸地方にあるもんじゅと美浜《みはま》原発と敦賀《つるが》原発の3カ所を視察しましたが、テロリストが飛行機で突っ込むような重大なアクシデントにも対応可能だと説明を受けました。

七海 東日本大震災以降、特に強化されていますよね。

釈 また、原発を停止したことで、現在、火力発電に頼っていますが、中東情勢も混迷しています。石油が入らなくなったら日本経済は絶体絶命です。戦時中は「油の一滴は血の一滴」などと言われたものです。

湊 幸福実現党は原発に代わるものとして、潮力《ちょうりょく》発電や海洋温度差発電なども研究開発していくべきだと考えていますが、現時点では原発がまだ必要ですね。

「自分の国は自分で守る」体制を

七海 昨年12月の衆院選で私は北陸信越ブロックから出馬しましたが、カニ漁をしている方々は、中国や韓国がカニを乱獲するので海が荒らされていると危機感を覚え、国防の必要性を感じていらしたそうです。魚やカニを仕入れているお店の方たちもそうです。北陸信越地方は、日本海に面しているところが多いので、特に危機感を強く抱いていますね。

湊　北朝鮮からは、日本海を越えてミサイルが飛んできましたしね。

七海　拉致問題もあります。頭から麻袋をかぶされて拉致されそうになった人がいるという話も実際に聞きました。

釈　党の集会に行くと、「中国の脅威について解説してほしい」という質問をよく受けます。「中国や北朝鮮は怖い」という感覚はかなり出てきていますね。

七海　「自民党を頼りにしていたけど、公明党と組んで国を守ることもできない。国防はもう幸福実現党しかない」と言ってくださる方もいます。幸福実現党が立党以来、一貫して国防強化を主張し続けてきたことを見てくださっている方々がいて、本当にありがたいですね。

湊　「国防女子」というのも流行《はや》っていますが、幸福実現党は、女性党員が非常に多いですよね。「守る」ということは、女性にとっては本能的なものだし、女性を強くするようです。

釈　確かに、愛が強さに転じたら、きっと「守る」という形になりますね。

七海　ただ、愛しているからこそ女性は、集団的自衛権の行使容認についても、「日本が戦争できる国になって、自分の子供も徴兵されるようになるのではないか」という不安が先行してしまうようです。

釈　現代の軍事は、最先端技術の戦いなので、徴兵制などで対応できるようなレベルではありません。それよりも、原子力潜水艦や空母の保有、ステルス戦闘機の国産化など、装備を充実させて、抑止力を強化することが大事になります。そのためにも、国を守ってくれる自衛隊が日本で最も尊敬される職業の一つと言われるようにならないといけないですね。

湊　女性としては、「国を守るために戦います」と言ってくれる男性はかっこいいと思います。

七海　沖縄では米軍基地の反対活動も続いていますが、漁業関係の方々も不安を感じていらしたように、日本を取り巻く安全保障環境を考えれば、日米同盟を強化しつつ、「自分の国は自分で守る」という体制を一刻も早く築かなければいけないと思います。

自虐史観教育は国や自分自身に対する自信を奪う

釈　今年は戦後70年を迎え、歴史認識をめぐる戦いの年になりそうですが、歴史教育とは、歴史を踏まえた上での愛国心の教育だと思います。

私の祖父は大東亜戦争で陸軍に所属し、戦後は自衛隊にいました。曾祖父は、日露戦争のときに、二〇三高地で亡くなっています。戦争について祖父は何も話しませんでしたが、軍人らしい厳格な人でした。私は、学校でも、それほど反日教育は受けませんでしたが、神道系の高校・大学だったので、自然と愛国心が身についたかもしれません。

湊　私の育った兵庫県は日教組（日本教職員組合）が強くて、小学3、4年生の頃、日本国憲法の前文と9条を暗唱させられ、「憲法9条が日本を守っている」と教わりました。マンガは禁止なのに、なぜか教室の後ろに『はだしのゲン』が置いてあったりしましたが、それが普通だと思っていました。

自虐史観教育を受けると、「日本は悪い国で、日本人は悪い民族だ」ということが浸《し》み込んできて、日本や自分自身に自信が持てなくなるのです。でも、正しい歴史や、多くの偉人のことを学ぶと、自信が湧いてきます。「自分たちは素晴らしい国に生まれたのだ。先人たちは立派だったから、自分も頑張らなければいけない」とやる気が出てきます。

七海　私は、小中は公立でしたが、出会った先生に恵まれていたと思います。「君が代」は音楽の先生が丁寧に指導してくれたし、校長先生は天国と地獄の話をしてくれました。家庭にも自然と皇室を敬う環境がありましたね。

釈　素晴らしいですね。

七海　私の祖父も戦争に行って、戦後しばらく、ソ連軍によってシベリアに抑留されていたのです。厳格な人でしたが、そうした戦争に行った人に対して、家族みんなが尊敬や感謝の気持ちを持っていたように感じます。

　教育問題は学校教育の問題ではあるのですが、教育改革にとどまらず、国のあり方を見直すことから必要だと思います。それが家庭にも入っていくことによって、教育

に革命を起こせるのではないでしょうか。

戦後70年の今年こそ、先の大戦に対する考え方を変えたい

釈　毎年、靖国神社に昇殿参拝しますが、その度に英霊たちから見られているのを感じます。「靖国で会おう」という約束ですからね。ただ、今のように蔑《さげす》まれている状況下では、集まってきた英霊たちに申し訳ないので、戦後70年の本年こそ、日本人の考え方を大きく変えていかなければいけません。

七海　靖国神社には明治維新の志士たちも祀《まつ》られているということは意外と知られていませんよね。

釈　国のために戦って斃《たお》れた方が祀られているところですからね。最近聞いた話ですが、ある方のお子さんが「靖国神社は中国の北京にあるものだ」と思い込んでいたそうです。

七海　中国が、日本の閣僚に「靖国参拝するな」と言っているからでしょうか。

釈　テレビで日本の報道を見るたびに、「なぜそれほど行っては駄目と言われるのだろう。中国にあるからか」と思っていたのだそうです。

七海　まさか日本にある神社に対して、中国がそこまで口出しをしているとは思わなかったということですね。

釈　最近、私の中国人の友人が靖国神社に行ったのです。行く前に、「『参拝』ではなく『参観』に行く」と言っていたのですが、英霊の遺書や書簡をまとめた「英霊の言乃葉《ことのは》」を読んだら泣けて仕方なかったらしく、行った後は「参拝」と言っていました。靖国神社に対する見方が全く変わり、清らかさや透明感を感じたそうです。靖国神社は、海外の方が日本人の精神を理解するものとして深い意味があるのだなと感じました。

湊　先祖たちが日本を守ってくれたからこそ、今の日本があるので、そうした方々に感謝するためにも、思想・信条を超えて、日本人全員に靖国神社に参拝していただきたいなと思います。

釈　この靖国問題を乗り越えることができなければ、「自分の国は自分で守る」という方向には行かないし、憲法改正も難しいでしょう。ですから、戦後70年のこの一年で、「自分たちの先祖は悪いことをした」という考え方から脱し、「私たちの先祖は日本や家族を愛して戦ってくださったのであり、その愛の上に私たちが今存在しているのだ」という考え方に変われるかどうかにかかっていると思います。日本の誇りを取り戻すと同時に、日本にアトモスフィア（雰囲気）として残っている、建国以来の数千年の愛に気づくことができる年にしたいです。

「河野・村山談話」を白紙撤回し、正しい歴史認識を

湊　今夏には安倍首相が先の大戦の歴史認識に関する首相談話を出します。でも、残念ながら、従軍慰安婦の強制連行を認めた「河野談話」や日本の侵略行為を認めた「村山談話」を引き継ぐと言っています。

七海　幸福実現党は、２０１３年11月から「『河野談話』の白紙撤回を求める署名」活動に取り組んできましたね。

釈　当初は、署名してくださる方は１００人に一人ぐらいでしたが、最終的には13万３０８０筆の署名をいただき、その翌年の4月に政府に提出することができました。その後8月には、朝日新聞が「戦時中、慰安婦を強制連行した」とする吉田清治《せいじ》証言が虚偽であったことを認めましたが、従軍慰安婦の強制連行を事実としていた人たちが考えを変えていったことが背景にはあると思います。その意味で、国論を変える一定の役割を果たし得たのではないかと思います。河野・村山談話は絶対に撤回すべきですが、安倍首相はそこまでできるのかどうか。

湊　自民党は自分たちの先輩がしたことを否定することになるので、撤回するのは難しいでしょうね。

釈　だから、私たち新しい政党がやるしかないのではないでしょうか。

七海　昨年の建国記念の日に、釈党首と橿原《かしはら》神宮（奈良県）に参拝したときにも署名活動をしましたが、参拝者の方々は日本を思う心で溢《あふ》れていて、自ら署名台に来て署名される方がたくさんいらっしゃいました。

釈　背中から悔しさがにじみ出ていました。「敗軍の将、兵を語らず」で黙ってきたけれども、誰かが河野・村山談話を覆《くつがえ》してくれないかと、祈るような気持ちでいらっしゃいました。幸福実現党は、正しい歴史認識を示すために、「大川談話―私案―（安倍総理参考）」（139ページ参照）を発表しています。ぜひこの精神を踏まえて、新たな談話を出していただきたいものです。

ところで、アメリカ人ジャーナリストのマイケル・ヨン氏が、米国立公文書館で、クリントン政権下に7年の歳月と約30億円の予算を投じて調査した結果、日本軍が慰安婦を強制連行した証拠は何一つ見つけられなかったとする議会向けレポートを見つけました。ヨン氏はさらに様々な検証の結果、「慰安婦問題は中国の諜報《ちょうほう》戦の道具であり、日本は無罪だ」と断言しています（注1）。それが今や、女性の人権問題として世界中に広がってしまっています。

七海　男性は言いにくいところがあると思うので、私たち女性が声を上げていかなければいけないと思います。

釈　中国は今年の9月3日に、「抗日戦争勝利70年」を記念して史上最大の式典をするそう

（注1）月刊「ザ・リバティ」2015年2月号参照。

ですが、これも嘘です。日本はアメリカには敗れましたが、中国が日本に勝利したことはありません。

七海　それから、中国がユネスコ（国連教育科学文化機関）の世界記憶遺産に「南京大虐殺」と「従軍慰安婦」に関する資料を登録申請していますが、その可否も夏頃に決定すると見られています。また、安倍談話がどのようなものになるかで、下半期の日本と世界の潮流が大きく変わりかねません。その意味でも、上半期は必死に発信して動かないと、取り返しのつかないことになりそうです（幸福実現党は現在、「中国による『南京大虐殺』『従軍慰安婦』のユネスコ記憶遺産への申請に抗議し日本政府に万全の措置を求める署名」活動を行っている）。

湊　日本も国として戦略を立てて対応しなければいけませんね。

香港民主化デモを視察して

釈　昨年は香港で中国に対する大規模な民主化要求デモが行われました。湊さんと一緒に現地に視察に行きましたが、香港民主派の人たちは、一党独裁に対する危機感を強く感じていましたね。

湊　政治に対する意識が日本人とは全然違っていて、中学生でも、「中国共産党はここがお

（注２）1989年6月4日に起きた天安門事件による犠牲者を追悼し、事件の様子を伝える常設型の資料館。2014年4月に開館。

かしい」などとはっきり意見を言います。「六四《ろくよん》天安門事件」の追悼式典には、中高生や大学生が集まって弔《とむら》いをしていました。学校も、「休みにするから、デモに参加して香港の自由を守りなさい」と先生が推すところが半分くらいあるそうです。釈党首は香港民主化運動のリーダーであるマーティン・リー氏（46ページ参照）と香港民主党党首のエミリー・ラウ氏と対談されましたね。

釈　お二人とも精神性がとても高い方でした。彼らのように宗教的なものを持っている方でないと、「内心の自由」に対する感覚が分からないのかもしれません。

湊　先日、香港の「六四記念館」（注2）に行ったのですが、中国の留学生がたくさん来ていました。彼らは、学校では天安門事件は平和裡に収められたと教わっているので、そこで初めて真実を知って仰天するそうです。

その記念館を案内してくれたのは若い男の子と女の子だったのですが、そのように香港の若者たちが民主化のために戦っているのを見ると、もっと応援してあげたくなります。民主化デモは終わりましたが、若い人たちは「自由や民主主義や幸福を求める心がなくならない限り、自分たちのデモは終わりません」と言っていました。こうした状況を日本の若者に伝えたいです。

習近平体制になって規制が多くなっている中国

七海　釈党首と湊さんは、何度か香港や中国を訪問されていますが、最初に訪問された頃と比べて、自由に対する変化はありますか。

釈　習近平体制になってからは、中国人でも、国内ではパスポートがなければホテルに泊まれないし、いわゆる新幹線にも乗れません。それから昨年末には、西安《シーアン》市の西北大学・現代学院がクリスマスを祝うことを禁止しました。

湊　宗教的なことも規制しているのですね。

釈　中国の大学教育では、「七不講《チープジャン》」という「普遍的価値」「報道の自由」「公民権」などの、学生と議論してはならない七項目の禁令が公布されました。

七海　習近平体制になってから、書店から仏教の本がそうとう消えたという話も聞きます。

釈　中国共産党が一番恐れるものは「宗教」です。中国には人の心をまとめるものがないから、軍事力で抑えつけているわけで、人の心を変えうる宗教に対しては、歴史的にも強い恐怖感を抱いていますね。

中国の若者たちは、共産主義やマルクス主義の理想など誰も信じていません。中国経済の大崩壊も予測されていますので、自然に民主化に向かうという希望的観測もあります。

しかし、実際には南シナ海などへの軍事的覇権は強まるばかりで、外に敵をつくることで国内を固める路線は続いています。これから日本が厳しい局面に立つのは確実です。

七海　南シナ海周辺のインドネシアやベトナム、タイ、フィリピンといった中国の脅威を感じている国々は、日本に大きく期待しているようです。これらの国々とも協力して防衛体制を築いていきたいですね。

憲法9条と20条の改正を

釈　集団的自衛権の行使に向けて関連法がこれから審議されます。また、衆院選で自公連立与党が全体の3分の2にあたる議席を獲得し、憲法改正の発議が可能になりましたが、安倍政権がどこまで踏み込めるかが問題です。

七海　憲法改正は時間がかかると思うので、その間に中国や朝鮮半島で有事があった場合の防衛措置が必要です。幸福実現党は、憲法前文で「平和を愛する諸国民の公正と信義に信頼して」という前提を置いていることから、「平和を愛する諸国民」ではない中国・北朝鮮に対しては、9条は適用されないという政府解釈を出すべきだと考えています。これは、有権者の方々にも非常に賛同いただいています。

釈　ただ、できるなら、憲法はすみやかに改正すべきです。自衛隊も軍隊ではないということになっていますが、英訳すれば「Self-Defense Forces」です。

湊 日本はアメリカ独立の1000年以上も前の飛鳥時代から精神性の高い「十七条憲法」をいただいている国です。その精神はまだ生きていると思うので、その精神性をもう一度明文化して、日本の誇りを取り戻したいです。

釈 そのためには、20条の政教分離規定の改正にも取り組まなければいけません。国柄から考えれば、宗教が日陰の存在に置かれ、尊敬されなくなったら、日本は完全に終わってしまいます。この国は、天照大神《あまてらすおおみかみ》を主宰神とする日本神道ばかりでなく、仏教や儒教、キリスト教をも取り込んできた国です。幸福実現党は、大川隆法総裁が書き下ろした「新・日本国憲法試案」（138ページ参照）によって、この国に精神的支柱を立てたいと考えています。これに基づいた未来はどのようなものであるかを今後も訴えていきたいですね。

宗教政党にしかできない仕事が待っている

釈 幸福実現党は宗教政党なのですが、もしかしたら「宗教政党」という見方そのものが、バイアスがかかっているのかなと思います。

人間にとっての幸福を考えると、社会福祉さえあれば幸福になれるかといったら、そうではありません。経済だけでもない。心を仏や神に向けなければ幸せになれないし、政治を担

う人たちの心のあり方が間違っていたら、恐ろしく多くの人が不幸になります。その抑止力として、宗教的信条を持つ人たちが、政治的発言をし、行動をしていくことがあるわけです。それを封じるなら、唯物論国家と変わりがありません。「神様なんか要らない」という人間が権力を持った旧ソ連や中国の悲惨さは、言葉にできないほどです。

七海　宗教心が分からない日本の政党は、世界で存在感を示すことができないのではないでしょうか。それは、語れるものがないからです。政治を本気で考えれば、宗教に踏み込まずにはいられないと思います。例えば教育問題なら、いじめ問題を解決するためには道徳が必要で、その基にある宗教を語らざるを得ないのではないでしょうか。宗教対立に見える紛争やテロを解決していくにも、宗教への理解が不可欠です。

日本が世界のリーダーを目指していくにあたり、宗教政党というのは、決して特殊なものではないと思っています。

釈　今、イスラム世界が揺れていますが、日本人が古来続く精神文化を強みにすることができれば、世界の架け橋になれると思います。以前、ＪＩＣＡ（独立行政法人国際協力機構）にお勤めの方が、「派遣された国でイスラム教徒の方と交渉したとき、自分にも信仰がある、自分は仏を信じているという自信が力の源泉だった」とおっしゃっていました。おそらく、これからもっと世界の人たちと仕事をする時代になると思います。そうした時代には、肌の色の違いを超えて感化力を持つ人が活躍するはずですので、本物の宗教的教養を持つ人の存在感が増していくのではないでしょうか。

湊　先ほど触れたマーティン・リー氏はクリスチャンですが、自分の行動はすべて神様からのご指示を受けてやっているという強い確信がありました。だから、「自分は神様の僕《しもべ》としてやるべきことを絶対やるのだ」という強い意志が生まれるのだなと感じました。

釈　いつの時代も、あの世を信じる人のほうが強いのですよね。その人の強さが時代を変えていきます。そういう意味で、あの世を信じ、宗教心を持つ私たち幸福実現党にしかできない仕事が、これからの時代には待っていると確信しています。

特別対談 2

中国の未来は香港が握る

×香港民主党初代党首

李柱銘（マーティン・リー）

李《り》柱銘《ちゅうめい》（マーティン・リー）

1938年香港生まれ。弁護士として、イギリスの植民地時代は女王の顧問を務め、香港特別行政区基本法の作成にも関わった。香港民主化運動のリーダーであり、直接選挙が実現されれば、行政長官になると言われている。

２０１４年6月15日、ネットオピニオン番組「ザ・ファクト」の企画で、民主化運動を主導してきた香港民主党の初代党首・李柱銘《りちゅうめい》（マーティン・リー）さんと対談しました。香港は中国の一部でありながら、一国二制度の下で、高度な自治や資本主義が認められています。

しかし、北京政府は、２０１７年に行われる予定の普通選挙で、政府の意向に沿わない人物は立候補させないと示唆。中国国民としての「愛国教育」の導入を求めるなど、思想・言論の統制を強めつつあります。

一方、香港の人々も、大規模な民主化要求デモや、天安門事件犠牲者への追悼集会を行うなど、運動を活発化させています。本対談後の9月には、「雨傘《あまがさ》革命」と呼ばれる大規模なデモが展開されたことは記憶に新しいところです。

香港の動きは中国本土に与える影響も大きく、この地が、中国、そしてアジアの未来を左右するといっても過言ではありません。香港や中国の未来について、李さんに話を聞きました。

いまだ「真の民主化」を成し遂げられない香港

釈　香港の民主化の現状をどう思われますか。

李　とても悲しいです。香港返還から17年も経っているのに、まだ「真の民主化」にたどり着いていません。

中英共同宣言に基づく香港基本法では、２００７年に普通選挙を実施するはずでした。しかし、北京政府はそれを延期し続け、次の17年にも、実現するかどうか分からない状況です。北京政府は、香港の人々や国際社会との約束を破ろうとしているのです。

釈　最近、『中国教父習近平』（開放出版社）という本を出した香港の出版社の社長が中国で逮捕されました。これについては、どう思われますか。天安門事件以降、中国の人権状況は最悪だという話も聞いています。

李　香港で、できるだけ早く民主化を達成したいと思います。

そして、中国の指導者が、香港の「民主主義」「繁栄」「法の支配」「自由」の素晴らしさを実感して、勇気を持ってそれを中国にも取り入れることを望みます。それが私の希望です。

釈　なぜ香港基本法が守られず、普通選挙が行われないのですか。

李　北京政府は、香港をコントロールできなくなることを恐れているからです。

現在の香港トップの梁振英《りゅうしんえい》行政長官は、事実上、北京政府に選ばれた人物です。香港の政府は、ほとんど存在しないも同然です。重要な決定はすべて、北京政府の代理人が行っているのです。

北京政府は、香港を恐れているため、香港を弱らせ、香港人が大事にしている自由や法の支配、民主制度を破壊しようとしています。

釈　国際的には、このまま香港は中国に呑み込まれていくと考えている人は多いでしょう。ただ、私は、繁栄を味わった人間は決してそれを忘れることができないと思います。
香港の人のアイデンティティーについては、どうお考えですか。

李　大部分の人が「香港中国人《ホンコンチャイニーズ》」、あるいは、単に「香港人」と思っています。
香港と中国本土には今なお大きな違いがあります。私たちの自由は蝕《むしば》まれてきていますが、それでもまだ、中国本土と比べてより多くの自由を享受しています。私たちは、このような対談も許される「自由な政治制度」を大切にしているのです。

香港が中国のリーダーとなる時期が来ている

釈　香港が経済的に繁栄している背景には、自由や民主主義といった価値観があります。中国も自国の繁栄を求めるなら、それを理解しなければいけません。
李さんは、それをどのように訴えていこうとお考えですか。

李　まず、香港が法の支配を維持できなければなりません。これがなければ、自由を守れないからです。
維持できれば、うまくいけば、間もなく民主主義を得られるでしょう。そして、中国は、香港というよき手本に続き、中国人にも民主主義を与えるでしょう。

中国は共産党による独裁です。そして、民衆に権力を与えたいと思うような独裁者はいません。

しかし、民主主義は世界のトレンドです。指導者が好むと好まないとに関わらず、中国にもやってくると思います。たとえ中国が、世界で最後の民主化しない国になったとしても、いつかは中国にも届くでしょう。

私は、民主主義を潮流と見ているので、成功するためには、この潮流に乗らなければならないと考えています。

釈　香港の方々は、「自分たちが中国を啓蒙していくリーダーシップ、責任を持つ」と覚悟を決める時期に来ていると思います。

私たち幸福実現党も、民主化された中国の若者たちが、アジアの若者たちと手をつなぐ時代が来ると信じています。

李　間違いなく、そうなると思います。どんな独裁も長くは続きません。冷戦後の東ヨーロッパを見てください。多くの共産主義国が次々と倒れていきました。

私は、「中国の13億人の人たちが自由を享受し、自分たちの投票で指導者を選ぶ」というビジョンを持っています。

「神への信仰心」が原動力

釈　李さんは、カトリックの信仰をお持ちだと聞いております。台湾の李登輝《りとうき》総統も敬虔《けいけん》なクリスチャンですが、信仰はどのようなかたちで、李さんの政治的な活動に影響を及ぼしていますか。

李　カトリックの信仰を持てたことは幸運です。香港の状況がどんなに厳しくても、どんなに自分の無力さを感じても、私は、「神は全能であり、神は未来がどうなるかをご存知である」と信じています。「神は私たちを導いている」と信じているので、何も心配することはないと思っています。

釈　最後にお聞きします。香港の自由を守るために、日本に何を期待されますか。

李　一国二制度を支持し、香港を弁護してくれることを望みます。やはり、中国の指導者に「香港の人々との約束を守れ」と圧力をかけてほしいと思います。
　私たちは民主化を待ち望んでいます。民主化の約束はすぐにでも実行されなければなりません。

釈　ありがとうございました。

中国に自由や民主主義を

香港の街を歩くと、その豊かさに驚きます。1キロ平方メートルあたりのジュエリー・ショップ数が世界一と言われ、立派な商業施設やオフィスも立ち並びます。香港人なら、中国の人々に繁栄の方法を教えられると確信しました。「中国民主化」の鍵を握るのは、香港の自由です。

また、李さんは「次は若者が時代を変える番だ」と語っていました。昨年、トータルで120万人も参加したと言われる大規模なデモ。あれも、学生たちが中心となって起きたものでした。3カ月にわたる攻防の末、結局、香港政府と北京政府は民主化の要求を受け入れず、デモ隊は強制排除されましたが、自由を求める人々の熱意を、いつまでも押しとどめることはできないと思います。

また今回、私が非常に残念に感じたのは、アメリカなどが民主化運動への支持を表明するなか、日本政府が曖昧な態度にとどまっていたことです。

日本には、アジアのリーダーとして、自由や民主主義という価値観を広げる使命があると考えます。今後とも、香港の民主化運動を応援してまいりたいと思います。

※本対談は月刊「ザ・リバティ」2014年8月号に掲載された記事を転載・加筆したものです。

日本経済復活への道

北野秀雄
Hideo Kitano

1950年、兵庫県生まれ。1983年、父親が創業した大型総合スーパーの経営を引き継ぐ。2003年、加工食品や専門分野に特化した品揃えの「北野エース」をオープンさせ、成功。現在、続々と店舗を増やしている。

3 対　談

× 株式会社エース代表取締役社長

北野秀雄

限界に直面しているアベノミクス。果たして消費税８％への増税は正しかったのでしょうか。日本全国に個性派スーパー「北野エース」を展開しておられる北野秀雄社長とともに、日本経済復活への道を探りました。

「節約」に入っている消費者

釈　安倍晋三首相は、昨年（2014年）4月、十分に景気が回復していないにも関わらず、消費税を8％に上げました。それ以降、消費が落ち込み、景気は低迷しています。GDP（国内総生産）は2四半期連続でマイナス成長になっています。

それに対して政府は、「今年は景気が回復し、GDPで1・5％増になる」と見込んでいますが、実際のところはいかがでしょうか。

北野　うちは食品がメインの小売業ですが、食品というのは、毎日食べるものだし、お客様の数も多いので、消費者の反応がとても出やすいのです。いわばアンテナの先っぽです。だから、「政府から発表されている数字が実は違う」というのがよく分かります。

釈　景況感が肌で分かるわけですね。私も毎日スーパーに行くのですが、年末からお正月にかけて、生鮮食品の値段が非常に上がっています。

北野　そのように答えは市場に出ているのですよね。

私は、地元の関西で「新鮮館」という普通のスーパーも経営していますが、こちらでは、野菜と果物の売上が前年比で1割も落ちています。このようなことは、ここ10年なかったことです。食料品では、通常、5％落ちたら赤字になるのですよ。実際、イオンの総合スーパー事業が大幅減益になりました。

もちろん、それには、天候不順による不作で野菜・果物の値段が上がったこともあるでしょうが、消費が落ち込んでいることは間違いありませんね。

今、お客様はどういう志向に走っているかというと、「節約」です。最近の消費者の傾向としては、無駄なものは一切買いません。

私は毎日、店長と話をし、お客様の顔を見ているので分かるのですが、お客様はみんな、目的を決めて買い物に来ていますよ。これが、中間層の今の実状です。

釈　東京では、「消費増税の影響はない」と言う人もけっこういますが、昨年末の衆院選のとき、北海道から沖縄まで回りながら訊いてみたところ、アベノミクスの恩恵を感じている人はほとんどいませんでした。

安倍政権になり、株価が上がり、円安になって潤っているところもありますが、それは本当に一部ですね。

北野　消費税の増税について、もう一つ言っておきたいのは、「税率の変更に対応するのがどれほど大変か」ということです。うちの場合、プライスカード50万枚を一晩で張り替えなければいけないのですよ。

釈　一晩で50万枚ですか⁉

北野　閉店してから従業員が夜なべして、翌日の開店に間に合わせましたが、大変な作業でした。また、プライスカードには原価がかかるし、張り替える手間賃もかかります。それらに何千万円もかかるのです。

消費増税でＧＤＰが15兆円減

釈　経営者の皆様は、増税で大変な思いをされていると思います。

ところが、マスコミの報道を見ると、経済界は、増税に反対するどころか、政府の要請に応えるかのような反応をしています。例えば、２０１３年10月に安倍首相が企業に賃上げを要請したところ、ローソンの社長は「２％上げます」と言っていました。

北野　それは出来レースだと思います。イトーヨーカ堂のトップも年初にテレビに出て、「調子がいい」と語っていましたが、建前ではないでしょうか。セブン‐イレブンは調子がいいのですが、本体のスーパーのほうは大幅減益なのですから。

釈　ある経済学者の試算によると、４月に消費税を上げたことでＧＤＰが15兆円も減ったということですから、経済界には大きな衝撃が走っているはずです。

北野　日本の経営者は本音と建前を使い分けますからね。特に大企業の経営者は、テレビに取材されたら、一層本音を話さなくなるので、実際は違いますよ。

最近、都心でタクシーに乗って、60歳過ぎぐらいの運転手さんに「調子はどうですか」と訊いたら、「駄目だ。増税がこたえているよ。偉い人たちは『増税しても景気は悪くならない』と言っていたけど、騙《だま》された。景気が悪くなったじゃないか。二回も騙されてたまるか」と言っていたのですよ。消費増税の影響をよく分かっていらっしゃって、安倍首相より賢いのではないでしょうか（笑）。

釈　その「騙された」という国民の思いが、先の衆院選での52％という投票率の低さになっていますね。10％への増税が国民に承認されたとは必ずしも言えないと思います。

スーパー4店で電気代が年間3000万円もアップ

北野　あとは、電気代の値上げも響いています。原発を動かさないことで、企業がどれだけ困っているか、政治家は分かっているのでしょうか。うちは小さな会社ですが、スーパー4店で電気代が年間3000万円も上がっています。これが現実です。

釈　私も、先日、長野県のドラッグストアの店長の方から、電気代が年間500万円も上がったという話を聞きました。

北野　これでは利益がなくなりますよ。特に中小企業は厳しくなっているはずです。

釈　消費税が上がり、電気代が上がったことで、気がついたら赤字になってしまったというところも多いようですね。

北野　もう努力にも限界があります。こうした状況が分からない政治は問題だと思います。

貸したがらない銀行、借りようとしない経営者

北野　こういう状況ですから、政府は「今年は景気がよくなるだろう」などと言っていますが、経営者は誰も信じていませんよ。

実際、日銀が無利子に近い金利でお金をジャブジャブ出していますが、現実には、銀行は、貸さないところには貸していません。うちはまだ業績がいいので、「銀行から「借りてくれ」と言ってきますが、経営状況が厳しい会社には貸さないのです。そういうところほど、本当はお金を借りたいわけですけどね。

もう一つ現状を言うと、「銀行が借りてくれ」と言ってきても、私は景気がよくなるとは思っていないので借りません。ほかの経営者もみんな、そう言っていますよ。今はみん

な、じっと様子を見ている状況です。

釈　原料価格の値上がりや円安による影響で、冷凍食品やパスタ、アイスクリームなど、続々と値上げが予定されていますし、２年後には、消費税10％という増税が待っていますからね。

北野　そういうことです。銀行が貸してくれると言っても、そんな簡単に設備投資はできませんよ。

釈　結局、金融緩和と財政出動をかけてアクセルを踏んだのはよかったけれども、増税というブレーキを踏んで駄目になってしまったというのが、今の経済状態ですね。

消費税を上げても、国の税収は増えない

釈　景気を回復するには、やはり消費税を5％に下げるべきだと思います。

世の中には、「社会保障や財政再建のためには、増税もやむなし」とお考えの方もいますが、実は、消費税を増税しても、国の税収自体は下がってしまいます。

消費税を上げると景気が悪くなるため、法人税と所得税の税収がどんどん下がります。その結果、国の税収は下がるのです。実際、１９９７年に消費税が３％から５％に上がって、どうなったかというと、２０１３年までの17年間で消費税収は68兆円増えましたが、それ以外の税収は１６３兆円も減ったのです。

また、消費増税は自殺者を増やします。1997年に消費税を2％上げただけで、年間の自殺者数は3万人の大台に乗りました。それが10年以上続いたのです。消費税を上げると景気が悪くなり、失業や倒産、自殺が増える。そうした方々を救済するために、バラマキ型の予算を組まなければいけなくなる。するとまた財源が必要になり、増税しなければいけなくなる……。増税路線だと、この悪循環から抜けられません。
ですから、これ以上、もう騙されるのはやめましょうと言いたいです。

北野　ただ、日本人は痛い目に遭わないと気づかないですね。
昨年、久しぶりに帯広《おびひろ》（北海道）に行ったのですが、もう閑散としていました。石破茂《いしばしげる》国務大臣が「地方創生」と言ってやっているけど、あれだけ疲れていたら、地方はもう駄目ですよ。思い切って発想の転換をした政策を打たないと復活しないでしょう。

なぜマスコミは増税に反対しないのか

釈　地方のことを考えても、やはり、必要なのは増税ではなく「減税」だと思います。消費税の減税は、最も簡単で、最も効果的で、最も公平で、日本全国津々浦々に平等に行きわたる経済政策だからです。消費税を下げることで消費は活発になり、景気はよくなります。
これは、世界ではすでに実証されている政策です。インドでは、リーマン・ショック後の2008年、日本の消費税にあたる間接税を14％から10％に下げることで、景気が回復しています。イギリスもそうです。

日本の消費税の増税については、ノーベル経済学賞を受賞したポール・クルーグマン博士や、世界的な投資家ジム・ロジャース氏も反対していたのですが、大手マスコミは、そうした意見はあまり報道しませんでした。

「増税するしかない」というような論調なのですが、それは、財務省からもらった資料を基に記事を書いているので、批判的なことが書けないからだと言われています。

それから、2年後の10％への消費税引き上げのときに軽減税率（注）の導入が検討されていますが、多くの新聞社は「新聞代」を軽減税率の対象にしてもらうために、増税を擁護する「ちょうちん記事」を書き続けているわけです。

北野　大川隆法総裁は、『忍耐の時代の経営戦略』（幸福の科学出版）などで、いち早く「消費税増税でアベノミクスは失速する」と警告されていましたが、その通りになるのではないでしょうか。

最近発刊された『資本主義の未来』（幸福の科学出版）では、世界恐慌の可能性まで示唆されていましたが、そこまでいかないと、安倍政権は分からないのかもしれませんね。

ちなみに、経営者としては最悪の事態も想定しなければいけないと思うので、そのような事態になったとしても生き残れるよう、必死に手を打っています。

（注）低所得者などへの負担を軽減するために、生活必需品などの消費税率を例外的に引き下げること。

問題だらけの「軽減税率」

釈　軽減税率については、自民党と公明党の税制調査会で、何を対象にするか議論されていますが、例えば、今のところ、しょうゆは軽減税率が適用され、ソースは適用されないそうです。

北野　そこまで細かく決められたら気が狂いますよ。税務手続きがもっと複雑になるわけですよね。セブン-イレブンが店頭に並べているのは約3000アイテムだそうですが、うちは3万から5万アイテムもあります。いい加減にしてほしいです。

政治家は、結局、人気取りのためにやっているのではないでしょうか。一度、政治家も現場で経営をしてみるべきです。

釈　私もこのようなバカバカしい政策には耐えられません。海外の例を見るとよく分かります。

例えば、イギリスでは、スーパーでお惣菜《そうざい》を買うとき、販売時点で気温より高いものは税金がかかり、気温より低いものは、軽減税率で、税金がかかりません。

カナダでは、ドーナツ5個までは外食（贅沢品《ぜいたくひん》）として5％課税、6個以上だと持ち帰りの食品（必需品）として0％になります。

フランスでは、チョコレートは通常税率で19・6％ですが、板チョコだと軽減税率で5・5％になります。

日本でも、同じようなことが起きないとは限りません。

北野　なぜ、そのようにどんどん複雑にしていくのでしょうか。もっと単純にすればいいと思うのですが。

釈　それ以外にも問題があり、先ほどのマスコミのように、軽減税率は、政治との癒着《ゆちゃく》の温床になると言われています。

つまり、「うちの業界に、軽減税率の適用をお願いします」という陳情《ちんじょう》の列が必ずできるのです。お金と票を持ってズラッと並ぶわけです。こうした汚い政治はもう終わらせなければいけません。

相続税は二重課税

釈　税金の話を続けると、今年1月から相続税が上がりました。

北野　相続税は、そもそも二重課税ではないでしょうか。一生懸命に稼いで築いた財産を子供に相続させるのに、

なぜまた税金を取られなければいけないのでしょう。おかしいですよ。

釈　本当にその通りです。これは、国民の財産を取り上げていく共産主義的な制度です。美智子皇后陛下のご実家だった旧正田邸《しょうだてい》も、相続税として物納され、現在は小さな公園になってしまいました。あれが相続税のひどさを象徴していますね。相続税は廃止すべきでしょう。

今、書店に行くと、相続税対策の本がたくさん並んでいます。子供に毎年110万円ずつ生前贈与しておくとか、家を建て替えるなら土地の評価額が下がる賃貸併用住宅にするとか、そのような話がテレビでもよく出てきています。

「税金を払いすぎている」という感覚が、日本中に蔓延《まんえん》してきているのではないでしょうか。

北野　税金を取るのは、もう限界に来ていると思います。

釈　ところが、今後、「死亡税」というものが出てくる可能性があるらしいのです。死亡時に残した財産から税金を取られるわけです。

それから「資産税」も言われています。絵画や宝飾品など、贅沢品と見られる資産に税金をかけようというわけです。

北野　そんなことになったら、私はハワイかシンガポールあたりに移住しますよ（苦笑）。

釈　富裕層は、税金の安い外国へ逃げると思います。数年前、フランスは富裕税を導入しましたが、高所得者の国外脱出が相次いだそうです。その結果、思ったほど税収が伸びず、2

年で富裕税は廃止になったようです。

結局、政府は自分で自分の首を絞めることになりますね。

税金は国民の血である

北野 どこの国もそうですが、政治家や官僚は、目先のことしか考えていません。

釈 やはり根本に立ち返って、「税金とは何か」を考えないといけません。「税金は国民の血なんだ。汗であって、涙なんだ。この血を取りすぎたら、死んでしまうのだ」ということです。「国民からいかに税金を取るか」ではなく、「国民の富をいかに増やすか」を考えるべきです。この観点から、税制の問題も考えなくてはいけないでしょう。

私たち幸福実現党は、消費税については先ほど述べた通り、5%への減税、そして将来的には廃止を訴えています。

法人税については、日本の立地競争力を高めるために、諸外国並みの20%程度（実効税率）へ引き下げるべきだと考えています。

法人税を納めている企業は3割程度なので、効果がないという意見もありますが、海外からの企業進出を招くとともに、日本企業の国外流出を防ぐ有効な方法となることは間違いありません。

さらに将来的には、フラット・タックスを導入して、所得税と法人税を一律10％にすることを目指しています。ロシアもフラット・タックスを導入して、税収が大幅に上がったのですよ。

北野　全く正しいと思います。絶対そうすべきです。そうすると、税理士なども要らなくなりますね。

規制緩和により、ビジネスチャンスの拡大を

釈　さらに「徹底的な規制緩和」も必要だと考えています。規制緩和を断行して自由を拡大すれば、民間の活力が引き出され、さらに景気はよくなっていきます。日本はまだまだ発展できると考えています。

北野　規制は本当に嫌ですね。規制があるために、様々な嫌がらせを受けてきました。

昔はいわゆる「200平米規制」があって、スーパーを出したくても、地元商業者の合意がないと役所の許可が下りなかったのです。そこで合意をもらいに行くのですが、みんな結託していて、お金を出さないと合意してくれないのですよ。

また、土地があったのでビジネスホテルをやろうと思い、役所に申請しに行ったら、「近くに公園があるから認可できない」と言うのです。公園といっても、草が生い茂っていて、

ベンチも一つしかなく、普段、誰もいないのですよ。

釈　規制は、ビジネスチャンスをそうとう奪っていますね。

北野　変なたとえかもしれませんが、規制は、ダンス&ボーカルユニットのＥＸＩＬＥ《エグザイル》が手足を縛られて踊れと言われているようなもので、踊れるわけないでしょう。

釈　（笑）面白いたとえですね。

北野　クモの巣や納豆の糸みたいなものですよ。そんなもので本当にがんじがらめになっています。

政治家や官僚は、規制ばかりつくって経済力を落としているのです。それで税収を減らして、自分たちの首を絞めています。大局観が全くありません。

自民党も規制緩和を言っているようですが、無理でしょう。自分たちがつくってきたものを否定できるわけがありません。いろいろな業界と癒着もできていますしね。

これができるのは、幸福実現党しかないと思います。何しろ幸福実現党は〝買収〟できませんから（笑）。

釈　（笑）確かにできませんね。

北野　ぜひ、規制を〝大掃除〟してほしいと思います。

未来産業を育て、日本に再び太陽を昇らせたい

釈　私たち幸福実現党は、安い税金にして、なるべく民間に口出しをしない「小さな政府」を目指しているわけですが、同時に、未来産業となる分野には大胆に投資していくことも必要だと考えています。

特に、これからは宇宙の時代が来ますから、航空・宇宙産業の育成が急務だと思います。

北野　もちろん、民間レベルでできないものは、国がリーダーシップを取ってやるべきでしょう。

私としては、防衛産業も大事だと思います。戦争は大嫌いですが、国防は大事です。やはり自分の国は自分で守らなければいけません。

とにかく日本は高付加価値路線でいかないと絶対に駄目ですよ。大量生産できるものは他の国でもつくれるようになるので、日本は世界に先駆ける技術で、新しいものをつくることが大切です。

これは、北野エースのやり方でもありますが、付加価値の高いもの、要するに、みんな

が欲しがるものをつくれば、向こうから来るのです。

日本には人材もいるし、技術もあります。だから、未来ビジョンを示して「この方向だ」と引っ張っていけば、日本はもっともっと成長できるでしょう。

釈 日本は、夢の国になれる唯一の資格があると思います。ぜひ日本の底力を引き出し、再び太陽を昇らせていきたいです。

北野 幸福実現党は、今は我慢のときですよ。幸福実現党の言っていることは当たってきています。中国が覇権主義的になるということなど、その通りになっているではないですか。じわじわと浸透してきていると思います。

日本人は、振り子のように極端に振れるところがあるので、何かのきっかけで、オセロみたいに一気に変わるのではないでしょうか。

釈 北野社長はマスコミ等の取材を受けたがらない方だとお聞きしていたので、今回、お断りされるかなと思っていたのですが、本当に感謝しております。

北野 釈さんは一途な方ですよね。いつも本気だからなのでしょう。そこが、釈さんのすごいところだと思います。

釈 お言葉を励みに、これからも頑張ってまいります。本日はありがとうございました。

中国の覇権主義に対抗する外交戦略

着々と海洋進出を進める中国の脅威に対して日本はどうすべきか、中国の狙いは何なのか。中国の政治・軍事戦略研究の第一人者である平松茂雄先生と対談させていただきました。

4 対談

× 中国軍事専門家
平松茂雄

平松茂雄
Shigeo Hiramatsu

1936年、静岡県生まれ。慶應義塾大学大学院修了後、防衛庁防衛研究所勤務。同研究室長、杏林大学教授を歴任し、2005年、退職。専門は現代中国の軍事・外交。著書は、『実践・私の中国分析』（幸福の科学出版）、『日本は中国の属国になる』（海竜社）など多数。

中国の狙いは太平洋の二分支配

釈 最近、平松先生の1980年に出版された『北京の罠に日本が自滅する日』（ゴマブックス）を読んだのですが、このご著書は、パンダ外交で日中友好ムード全盛のときに出版されたのですね。

平松 それが爆発的に売れて、「11PM《イレブン》」というテレビ番組にも出演しました。当時、防衛庁防衛研究所に勤めていたので、内容的に問題になるということで、ペンネームで出版したのですが、テレビ出演のときは変装して行きました（笑）。それを見て、上司だった桃井かおりさんの父親が「クビにする」と怒り狂ったのですが、周りの方々がとりなして、なんとかクビは免《まぬが》れました。

釈 その本のなかに掲載している写真が、非常に貴重なものだったのです。「北京の〝対核ミサイル用〟地下壕《ごう》」や「北京を縦横に走る地下壕の配置図」とか。

平松 その写真を見て、アメリカと台湾の諜報《ちょうほう》機関が「もっと写真があるはずだ。それを欲しい」と接近してきたのです。

このほかにも、中国で撮ってきた写真に、防衛庁や自衛隊の同僚から驚かれたことがあります。1979年6月に上海の港から船に乗って揚子江《ようすこう》の河口を往復した際、そこに海軍基地があり、軍艦がズラッと並んでいたところを見かけて、手当り次第、撮影しておいたのです。この写真を見た自衛隊の情報幹部が仰天しました。彼らは中国海軍の実態を知らなかったのです。私はそのことを知ってびっくりしました。

その翌年、中国は南太平洋のフィジー島近海に向けて大陸間弾道ミサイル（ＩＣＢＭ）を発射しましたが、私が撮影してきたのは、その発射実験を観測するための特殊な情報収集船「遠望」と、それに洋上で補給したり、護衛したりする艦艇など8隻の艦艇で編成された二編成の艦隊だったのです。この艦隊が赤道を越えて太平洋に出て行ったのですが、その艦隊がここから東シナ海に出て訓練をしていたのです。「よくこんなものを撮影して、無事に帰国できましたね」と言われました。

釈　興味深いですね。ところで、中国がＩＣＢＭをフィジー島近海に発射して成功したということは、アメリカに届くミサイルが完成したことを意味しますね。

平松　そうです。そこで、誰がそれを計画していたのかと考えてみたときに、発射実験を行ったときの指導者は鄧小平《とうしょうへい》ですが、その計画を立てて、艦船やミサイルなどを製造したのは、

太平洋への進出を予告したＩＣＢＭの発射実験

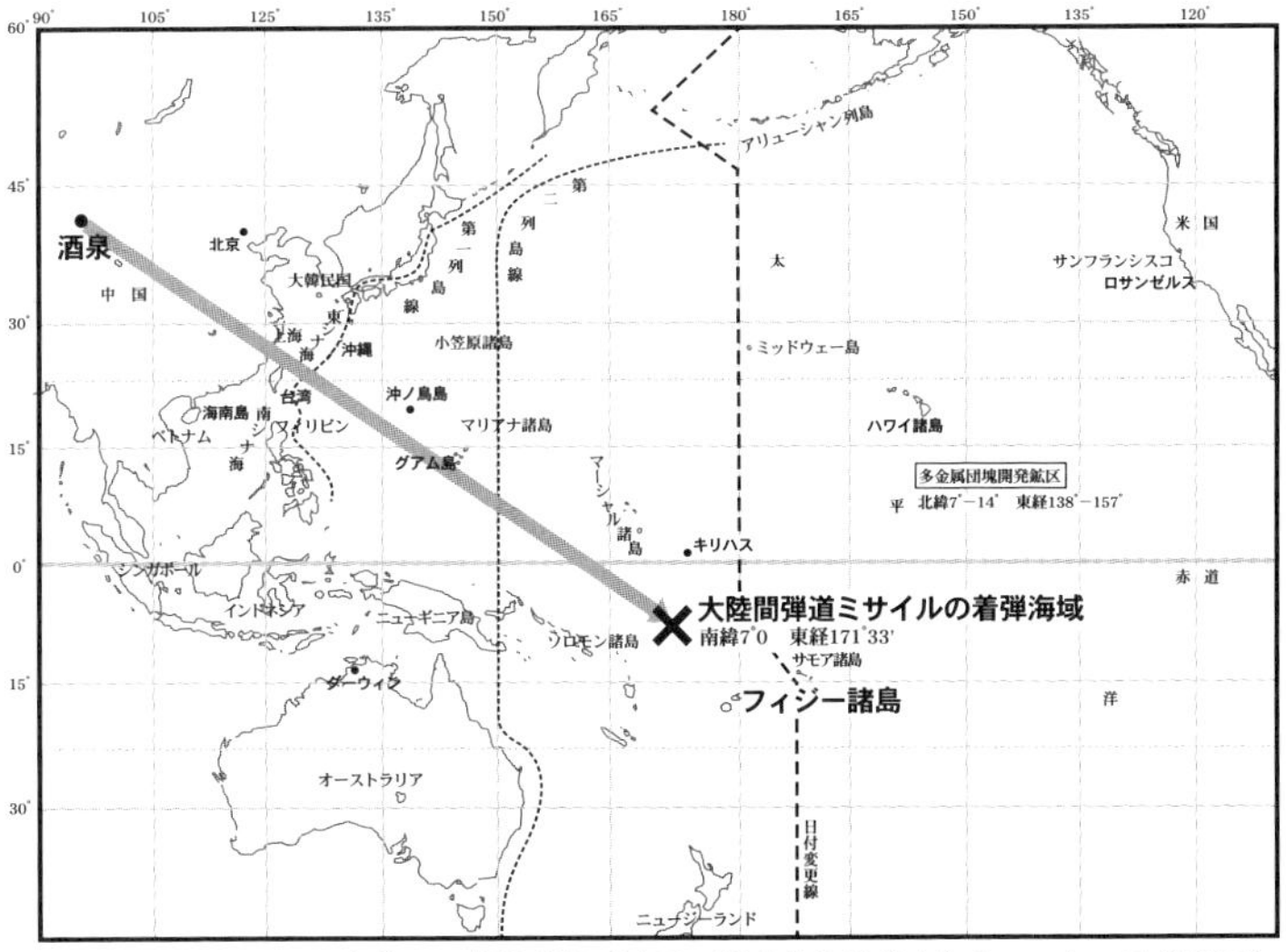

出典：平松茂雄著『中国の戦略的海洋進出』（2002年、勁草書房）

その前の指導者である毛沢東《もうたくとう》なのです。
中国軍の近代化を進めたのは鄧小平であり、毛沢東はそれが分からなかったバカ者だという見方が一般的ですが、それはとんでもない間違った見方です。建国当初からアメリカから核兵器で何回も威嚇《いかく》され、なすすべがなかったところから、毛沢東は「核には核で対処するほかない」ことを身をもって経験し、すべてをあげて核開発に投入したのです。そして、核兵器を保有した中国を放置できないとの差し迫ったアメリカが毛沢東を相手にすることになる。それが1972年2月のニクソン大統領（当時）の中国訪問です。

釈　平松先生は、中国の国家戦略は毛沢東が立て、それが現代まで一貫して揺らいでいないという見方をお持ちですが、その戦略は、習近平体制の今でも続いているのでしょうか。

平松　2013年6月の米中首脳会談で習近平主席がオバマ大統領に「太平洋には両国を受け入れる十分な空間がある」と述べて、太平洋を二分しようと提案しました。
その二分する線とは180度経線を意図しており、この経線はフィジーを通過しています。1980年にフィジー島近海にミサイルを撃ち込んだのは、「ここまでは中国のもの」ということを示していたのです。そして、オバマ大統領が就任してからアメリカが傾き始めたのを見て、習近平は平然とそれを言ったわけです。

釈　それ以前にも2007年には、アメリカのキーティング太平洋軍司令官（当時）が中国海軍のある将軍から「ハワイから東をアメリカ、西を中国がそれぞれ管理しないか」と提案されています。指導者が替わっても中国の軍事戦略は一貫しているのですね。

平松　少しずつだけど着実に具体化して進出してきているわけです。そうなってくると、尖閣諸島などは中国にとってはどうでもいいのです。太平洋の真ん中まで出てこようとしている国が、尖閣諸島を取ったところで意味などないでしょう。

釈　尖閣諸島沖での行動は、中国にとっては、日本を揺さぶる材料であり、また不安定要因を抱える国内の目を外に向けるためのものだということですね。

平松　狙いは太平洋を二分することです。アメリカも東アジアから海兵隊を引き揚げる方向で、実際、沖縄の海兵隊の一部をグアムに分散移転し、ハワイ、オーストラリアのダーウィン、フィリピンを加えた5拠点に海兵隊を配備する米軍再編計画を進めています。アメリカは、中国がここまで出てくるということを前提として考えているのです。

香港と台湾の民主化運動をどう見るか

釈　香港では昨年9月に、2017年に行われる香港特別行政区行政長官選挙における「真の

普通選挙」を求めて、高校生と大学生を中心とした「雨傘《あまがさ》革命」が起こりました。

こうした香港の学生運動に習近平主席が非常に神経をとがらせているという報道が出ています。12月に習氏がマカオ大学を訪問した際、選ばれた学生以外はキャンパスから締め出されたため、学生たちから「マカオ大学は我々の大学であり、習近平の大学ではない」と抗議の声が上がったようです。これに対し、習氏は香港の民主化運動が中国本土に浸透することを恐れているのではないかと言われています。

平松　それでも、何か運動が起きれば、力で抑え込むので、民主化運動が広がるのは難しいでしょう。

釈　雨傘革命も結局、強制排除されました。

平松　問題は、そうした民主化運動が起きたときに、アメリカがどこまで介入するかということです。今のアメリカは介入しないでしょうね。

それに、香港自体が経済的に中国にコミットしてしまっています。

釈　株式上場企業1500社のうち4割の600社が中国から進出した企業だそうです。

昨年3月には、台湾でも中国との経済協定に反対して学生運動が起きていますが、平松先生は、中国は2021年に台湾を併合すると予測されていますよね。

平松　台湾併合というのも、軍事力で占領すると考えてはいけません。中国はそのようなことは考えていないのです。

2021年というのは、共産党創立100周年にあたるわけですが、その祝杯を、北京ではなく、台北《タイペイ》で挙げるだけでいいのです。つまり、現在の「中華民国」という看板を「中華人民共和国台湾省」に書き換えさせればいいだけなのです。最初は「台湾には干渉しません」と言っておきながら、チベットやウイグルを侵略したときのように、じわりじわりと浸透していって、支配下に置いてしまうのです。

釈　そして、何か事件が起きたときに軍事力を行使して弾圧するという手法を取るのですね。そもそも中国の憲法には、「台湾は、中華人民共和国の神聖なる領土の一部である」と書かれています。

平松　いつの間にか「俺のものだ」と言ってしまっているのが中国なので、中国にとっては当たり前のことですね。

尖閣問題をどうすべきか

釈　南シナ海の南端にある「曽母暗沙《そうぼあんさ》」では、海底に「中華人民共和国領土」と刻んだ標石を投下して、海域の領有を主張しているのですよね。

平松　中国海軍が遠洋航海に行って、帰ってくるときにそこに寄るのです。そして、祖国に向かって国旗を掲げて国歌を演奏し、領土標石を海中に投げ込んでいます。領土を主張できる何の根拠もないわけですが、こうしたことを続けて、「これがあるから俺のものだ」と言い出すのでしょう。

釈　尖閣諸島の領有権も同じ論拠で主張しています。「明や清の時代は沖縄（琉球王国）と交易があったから中国の領土だ」とか、「『大日本全図』（明治9年）では尖閣諸島は琉球諸島に属していないから中国の領土だ」とか、いろいろなことを言っていますね。

平松　そういうことを主張して平然としているから、日本はそれに対して、「違います。日本の領土です」とはっきり言わなければいけません。言えば、「とんでもないことを言う」と非難されますが、「言われたら言い返す」ということをしていかなければいけません。要するに、我慢比べなのですが、日本はそういうことは嫌になってやめてしまうのですよね。

釈　それで嫌になってやめた例が、日中中間線のガス田です。1990年代末には日中中間線ぎりぎりの海域にある「春暁《しゅんぎょう》」「天外天《てんがいてん》」で石油試掘施設が据えつけられ、21世紀に入ると採掘が始められました。それに対して、日本政府は消極的だったので、中国は「中国の海」として海底調査を進めたわけです。

実は、日中中間線は国境ではないのですよね。国連海洋法条約によって、国境は、日本と中国の双方が主張するところで落としどころをつけなければいけないそうです。

平松　その落としどころも、中国は認めていません。

釈　大陸棚説でも、尖閣諸島まですべて中国のものだと言っていますね。

平松　わが国の沖縄や尖閣諸島が位置する南西諸島の少し中国寄りの海域に「沖縄トラフ」と呼ばれる、深さ約2200メートルの細長い海底の窪《くぼ》みがあります。中国は、中国大陸の陸地がここまで延びて終わっているから、ここまでが「中国の海」と主張しています。

　ところが、現実には中国大陸から延びている大陸棚は、わが国の沖縄を含む南西諸島を通り越して、その東側、すなわち８０００メートルから1万メートルに達する太平洋まで延びている。それゆえ、中国大陸と南西諸島との間で二等分するというのが、わが国の立場です。

　だが国際法では、複数の立場が認められているので、どの立場が正しいかは、関係国で調整するほかなく、力のある国が優位に立つことになります。

　ですから、そのように地理的条件で決めようとすると、中国のものになってしまうので、それで対抗してはいけません。日本は、向き合っている二国の間の海の真ん中で分けるという中間線の考え方で国益を守らなければなりません。

釈　それから、漢字のルーツは中国であるとして、漢字文化圏というものでも主張してきます。これに対しては、私は漢字以前の日本の古代文字であるホツマ文字まで持ち出して戦う

東シナ海の中国の石油ガス採掘施設と中国海軍の活動

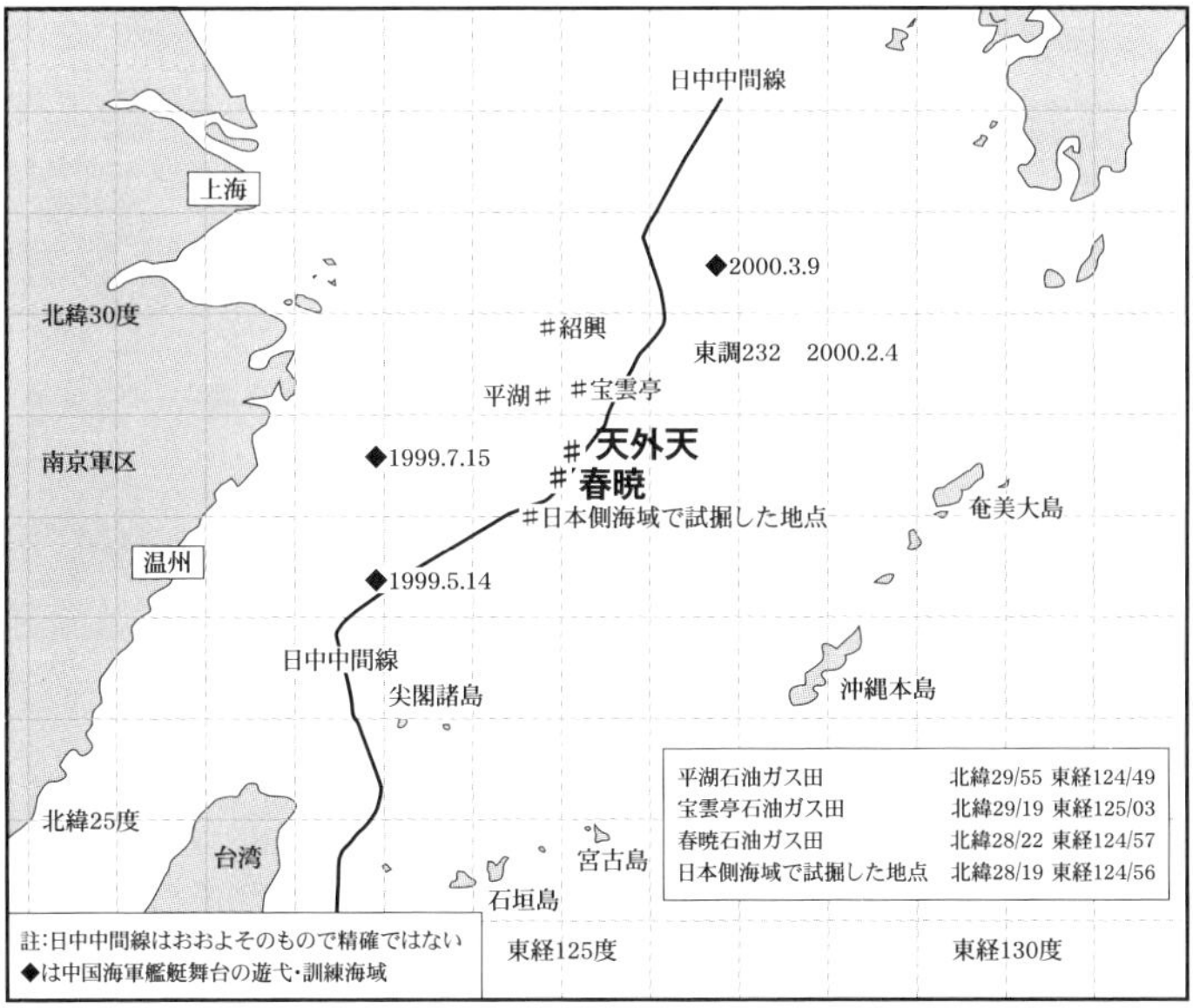

べきだと思うのですが、漢字文化圏というものに呑まれてもいけません。

平松　中国は「ブルジョア国家が自分たちの都合のいいようにつくった法律だから受け入れられない」と、これまで国際法を否定してきましたが、近年では、歴史や地形ばかりか、国際法を拠りどころにして、勝手に領有権を主張してきます。

釈　幸福実現党は、尖閣諸島が日本の領土であることを主張すると同時に、南西諸島の防衛体制を強化したいと考えています。

中国の実効支配が進む南シナ海

釈　昨年6月に「中国の地図が縦になった」と聞き、先日、中国人の友人に買ってきてもらったのですが、その新しい地図は、〝九段線〟（注1）に台湾の東側の線が1本加わって〝十段線〟になっており、南シナ海のほぼ全域が領土であるかのように描かれていました。

平松　これまでの中国の地図は横長で、中国大陸の東南に広がる海域（地図の右下）のところに、囲い込みで「南シナ海」が書き込まれていました。要は、南シナ海は付け足しでした。それが南シナ海を含めて、一枚の縦長の地図になったということは、南シナ海が中国にとって非常に重要な海域になったことを示しています。ですから、重視する必要があります。

釈　中国は、南シナ海における実効支配を加速しており、領有権を主張しているベトナムや

（注1）中国が領有権を主張するために地図上に引いた、南シナ海全域を囲む九つの破線。

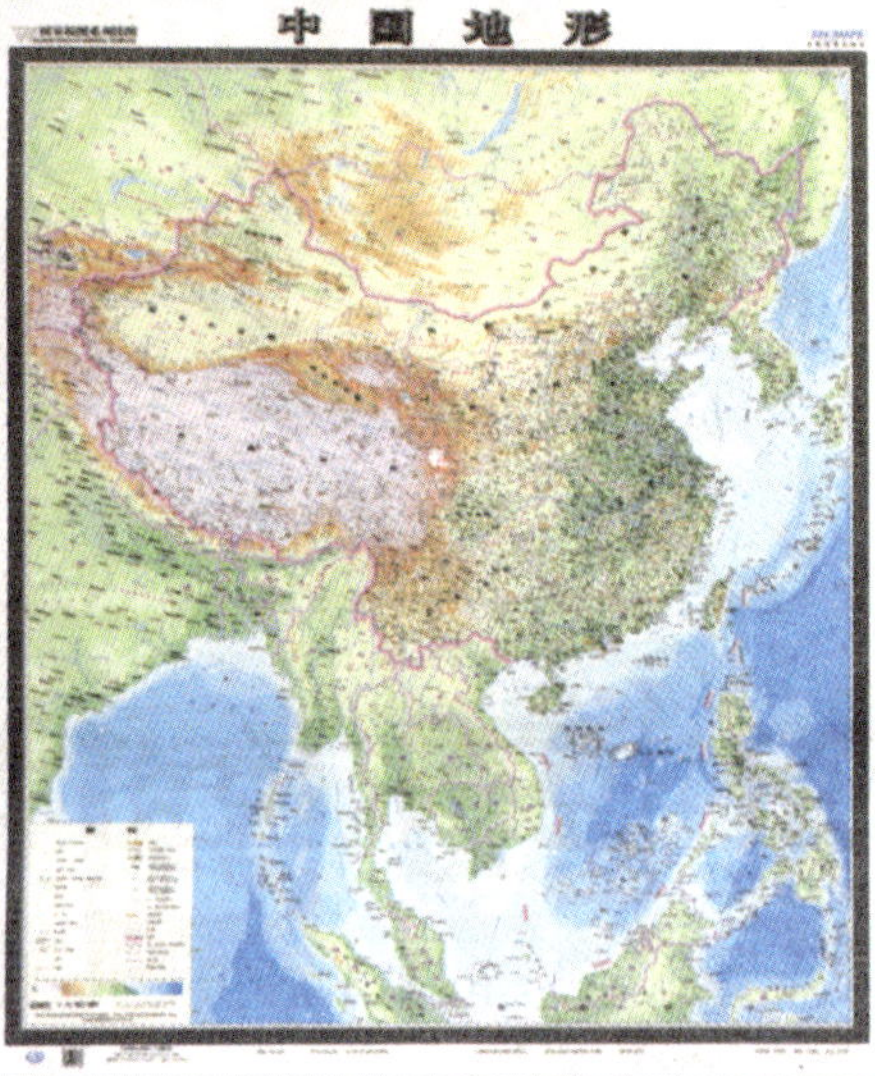

▲横版中国地图中，南海诸岛详情由右下角“缩略框”显示。

◀地图社首次推出的竖版“中国地形”图，海陆一体，南海诸岛标示了一百多个主要岛屿岛礁和暗沙。

縦型になった中国地図（左）と
従来の横型の中国地図（右）

永興島の衛星写真（全景）

縦型の中国地図の南シナ海部分の拡大。従来の“九段線”に線が１本加わって“十段線”になっている。

フィリピンとの対立が深刻化しています。
２０１２年には、西沙、南沙、中沙の各諸島を管轄する「三沙市」を設立していますが、その主島となっているのが永興島《えいこうとう》です。平松先生は、１９８０年代からこの島に注目されていて、滑走路《かっそうろ》があることまで突きとめられたのですよね。

平松　当時は、あるかどうかも分からなかったので、どうやって突きとめようかと悩んだ挙句、衛星写真を撮ることにしたのです。それで発見したのですが、この写真を見た何人かの自衛隊の幹部からは「こんなところの飛行場は波に洗われて使い物にならないですよ」と笑われました。
その後、中国はこの島を整備して、写真で見る通り、ジャンボジェットでも着陸できる約３０００メートルの滑走路ができています。病院やスーパー、銀行などまで開業されています。この海域には日本のシーレーンが通っているので、ここに中国の前進基地ができたことの意味は大きいです。

釈　この永興島が南シナ海の軍事海洋戦略の中心なのですよね。すでに漁民や兵士が約１０００人住んでいるそうです。

平松　南沙諸島の北部にある諸島最大の太平島《たいへいとう》は、明治時代から、日本の企業が往来してい

て、そこの鳥の糞を肥料にしてきました。大東亜戦争が激しくなり、維持できなくなって引き揚げて以来、無人島でしたが、戦後、国民党が支配し、今は台湾が保有しています。このように、日本は昔から南シナ海に関心はあったのです。今の日本は関心を持っていないので、中国がこの海域に出てきてしまっているのです。

釈　本来なら、この地域の平和を維持するために、米軍が撤退した後に日本が肩代わりをしなければならなかったのだと思います。幸福実現党は、日本のリーダーシップを発揮して、このASEAN諸国や、インド、オーストラリアなどとの連携を強めていき、中国の海洋進出を抑止したいと考えています。

中国の脅威に備えて日印同盟を結ぶべき

釈　平松先生の研究の仕方の特徴として、「地図を読む」ということが挙げられると思います。

平松　地図を見ていると、いろいろなことが分かりますからね。ところが、戦後の教育では、地理教育は戦前の侵略につながるとのことで、日本の歴史と地理を教えなくなりました。

私たちは、中東やアフリカに出て行くのに、南シナ海に出て、マラッカ海峡を通り抜け、ベンガル湾、インド洋と出て行くルートを考えるのですが、実は、中国は、南西に位置する重慶《じゅうけい》、昆明《こんめい》から南西に位置するミャンマーを通って、簡単にベンガル湾に出てきます。

だから、中国はミャンマーに二番目に多く経済援助をしています。一番多く経済援助をしているのはパキスタンです。というのも、ペルシャ湾を押さえるには、パキスタンから出るのが一番近いルートなのです。中国は、ウイグルの南西部のカラコルム山脈の一角でわずかにパキスタンと接していて、そこからパキスタンに入れるようになっています。

釈　カラコルム・ハイウェイですね。

平松　『西遊記』の三蔵法師は経典を求めて、そこを通って、ガンダーラ、今のパキスタンに行ったのです。これが仏教のルートですが、この先にはアフガニスタン、さらにその先にギリシャがあります。だから、ガンダーラはギリシャの影響も受けて、ギリシャ風の仏像をつくっています。それが、パキスタン、中国、朝鮮半島を通り、日本に入ってきたのです。日本に入ってきたのはガンダーラのほうからの仏教（北伝）なのです。

ちなみに、その後、中東はイスラム世界になっていき、仏像は破壊されてしまったので、ガンダーラの仏像にはまともなものは残っていません。

釈　話を戻しますが、中国がミャンマー、パキスタンと手を結んでいるならば、その間に挟まれているインドは、パキスタンとも対立していますし、中国の脅威を強く感じていることでしょう。その意味でも、日本はインドとの外交面・軍事面の協力を推進し、日印同盟を締《てい》結《けつ》すべきだと思います。

気質の違いを理解した外交を

平松　話は飛躍しますが、中国をここまで大きくしてしまったのは、日本のＯＤＡ（政府開発援助）です。日中国交正常化のときに、賠償金は要らないと言われたのに、日本人は贖罪《しょくざい》意識が強いのか、日本の責任だといって、中国のインフラ整備をしました。

ところが、インフラ整備はお金がかかるだけで儲かるものではないのであって、中国を強くしただけなのです。しかも、中国人というのは、変に同情すると、つけあがってくる民族です。日本人はそういうところがない民族ですが。

釈　日本には、人に迷惑をかけないという精神が入っていますからね。

平松　外交において、骨の髄《ずい》までしゃぶるというのは、ある意味で当たり前であって、特に中国人というのはその典型的なものです。

釈　先日、平松先生がお話しされていましたが、他の国では、国のために命を懸けるのはバカバカしいと思うところもあるということでしたね。日本人は先の大戦を見ても、国のために命を懸けていました。

平松　自らが死ぬことによって国の役に立とうという日本の特攻隊は例外ですが、戦争というものは、第一線は死ぬことが前提とされています。死ぬことを犠牲にして突破していき、その後によりレベルの高い軍隊が出て行くわけです。

だが、中国のベトナムとの戦争（中越戦争）は苛酷《かこく》な戦争でした。この戦争の直後に、私は昆明で「これが中越戦争だ」という記録映画を観る機会がありました。普通は、死ぬことが前提といっても、穴を掘って身を隠し、突撃して、また穴を掘って身を隠すというように、円匙《えんぴ》という円形のスコップを腰につけて、自分の隠れる穴を掘ります。そのように、できるだけ助かるようにするのですが、その映画では、第一線の兵士は、円匙を腰につけることなく、したがって身を隠すこともさせられず、鉄砲だけ持って突撃させられるのです。これはショックでした。

釈　朝鮮戦争のときも、第一線に地雷原を踏ませて突破しました。当時連隊長だった韓国の将軍が、「人命を第一と考えるわれわれには想像もつかないことだ」と語っているほどです（注2）。

平松　それが中国の体質なのです。それは今も変わりません。だから、幸福実現党も、将来、中国と渡り合うためには、そういうことが起こりうると

いうことも前提として考えておかないと、相手は戦争も想定して、平然といろいろな要求をしてくるので負けてしまいます。

釈　今、日本は世界的視野で国家戦略を構築できる智慧が求められていると思います。その上で、中国をつけあがらせないように、毅然とした外交をしていかなければいけないですね。

平松　もし、幸福実現党が何かを為すのであれば、しっかり中国の研究をする必要があります。そして、中国や中国を取り巻く環境について、広く日本国民を教育して、「幸福実現党の言っていることはもっともだ」ということになれば、支持者が増えてくると思います。

簡単ではないけれども、選挙に出続けて、一人でも二人でも、国会に送り出さなければいけませんね。

釈　ぜひ今後もご指導・ご支援をよろしくお願いいたします。

（注2）陸戦史研究普及会編『国連軍の反攻　朝鮮戦争（7）』（1972年、原書房）

5 特別対談

日本がアジアで果たすべき役割

×世界ウイグル会議総裁
ラビア・カーディル

ラビア・カーディル

1948年、東トルキスタン（現・新疆ウイグル自治区）に生まれる。実業家として成功し、中国人民政治協商会議委員を務めていたが、反政府演説を行ったため、失脚。99年、国家機密漏洩罪で逮捕・投獄。2005年に釈放され、アメリカに亡命した。現在は、東トルキスタンの自由と独立を求める民衆運動の指導者として活動している。

２０１３年12月3日、私は、アメリカのワシントンD．C．にて、ウイグルの人権活動家であり、「ウイグルの母」と呼ばれる、ラビア・カーディルさんと対談させていただきました。

同年10月に起きた天安門前の車両炎上事件の背景や、中国に弾圧されているウイグルの現状、宗教や信仰、そして、日本が果たすべき役割について伺いました。

中国によるウイグル人弾圧の実状

釈　10月下旬、天安門前で車両の炎上事件があり、にわかにウイグルが注目されています。この事件をどう捉えていますか。

ラビア　車に乗っていたとされるウイグル人男性は、中国共産党政府の最も象徴的な場所で、70歳の母親、妊娠4カ月の妻を連れて焼身自殺しました。車は猛スピードでしたが、なるべく人を巻き込まないようにクラクションを鳴らし続けました。中国共産党によるウイグル人の迫害の苛酷《かこく》さを全世界に訴えるのが目的だったのだと思います。

中国政府は２０１３年4月以降、ウイグルで約30回にわたり、デモ隊への発砲や虐殺を行っています。ほかにも、ウイグル人の若者がイスラムのモスクでお祈りをしているときに、中国の警察が押し入り、発砲して人々を殺害するという事件も起きています。

新疆《しんきょう》ウイグル自治区は自治権を持つと決められていますが、国連人権委員会で、こうしたウイグルの人権問題について発言したところ、中国の代表は、「ウイグル人は十分な自由が与えられている。彼らは母国語を話すことができる。世界ウイグル会議は嘘を言っている」と、私たちを非難しました。

しかし、中国はウイグル人の言葉を奪っています。娘たちを強制連行しています。また、数百万の中国人を移住させ、ウイグル人の土地を奪って彼らに与えています。そこに住んでいたウイグル人は、中国本土に強制連行され、安い労働力で使われているのです。それに抵抗したウイグル人は逮捕、投獄されています。

天安門の事件の背景には、こういうことがあるわけです。

中国人は、愛や慈悲、許しの心を持てないように洗脳されている

釈　中国政府は、ウイグル人という民族そのものを滅ぼそうとしています。唯物論・無神論で神を信じない国だから、という点が大きいと思いますが、なぜそこまでひどいことができるのでしょうか。

ラビア　そうですね。彼らは宗教を信じていません。（唯物論・無神論の）共産主義、マルク

ス・レーニン主義、毛沢東《もうたくとう》思想を信じています。そして、それに則した政治制度を持っています。

中国人たちは、この60年間、洗脳教育によって完全に改造されているのです。だから、政府が「手に武器を持って人々を殺せ」と言ったら、その通り動くわけです。

２００９年の大虐殺のときの中国人たちの反応がそうでした。同じ町に住むウイグル人を、女性であろうが、子供であろうが、老人であろうが、すべて襲ったのです。人間なら、同じ町に住んでいる人をどうして殺せるでしょうか。彼らは常識的ではありません。

釈　私もインターネットで、6、7歳ぐらいのウイグル人の子供が、漢民族の大人に囲まれ、暴行される映像を見ました（右下の写真）。人間的な感情を失っているとしか思えません。

ラビア　20人ぐらいの中国人が路上で子供を囲み、指を踏んだり、顔を蹴ったりしている映像ですね。ああいう残虐なことは、日常茶飯事です。普通の心があれば、止める人間が出てくるはずですが、誰一人、出てきませんでした。

中国人は日頃から、愛や慈悲、許しの心を持てないように洗脳されています。中国政府は、ニュースで「ウイグル人はテロリストだ」という憎しみを植えつけたり、反日的な映画をつくって日本人を悪者にしたりしています。アメリカ人も悪者に見せるなど、あらゆる方法で敵をつくってナショナリズムを煽《あお》り、中国人を団結させようとしているのです。

釈　中国はＧＤＰ（国内総生産）世界第2位ですが、このまま憎しみによって国家が成り立

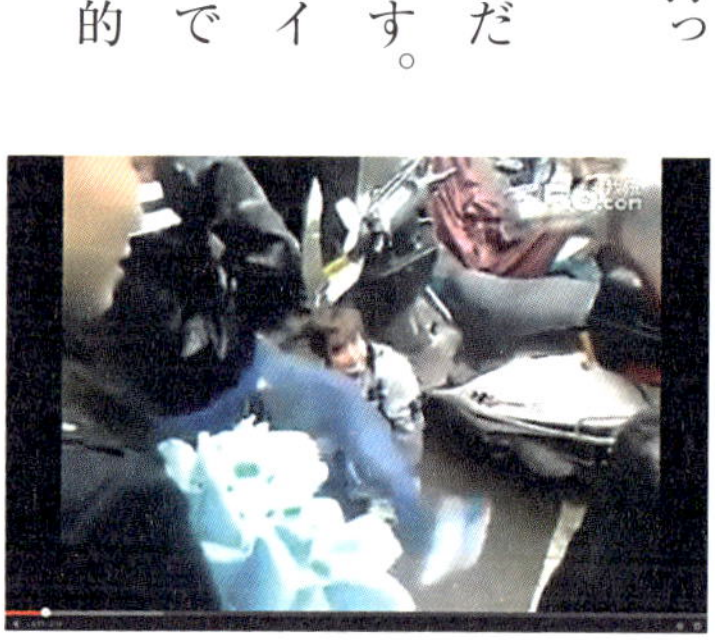

十数人の中国人に集団暴行されて、泣き叫ぶウイグル人の子供（中央）。インターネット上で映像が公開され、世界中で問題視された。
（画像は YouTube より）

つとは思えません。その意味で、ラビアさんが、女性として、母として、信仰者として考える、中国の向かうべき方向についてお聞かせください。

ラビア　中国人のなかにも、中国の危機的な状況に目覚め始めている人はいます。国外に亡命した一部の知識人たちは、多くの論文や書籍を発表して、中国国内に「目覚めよ」というメッセージを送っています。いずれ、そういう人たちが、共産党と戦う時代が始まると思います。

獄中で神に祈りを捧げていた

釈　自伝のなかで、投獄されていた一番つらい時期に、「神とともにいたから強くあれた」と書かれています。ラビアさんにとっての信仰について聞かせてください。

ラビア　私はアッラーが人間を創ったと信じていますし、必ず私たちを救ってくれると確信しています。当時、中国当局の誰もが、「あいつは刑務所のなかで死ぬ」と考えていました。

でも、私は生きていました。刑務所のなかで、「アッラーよ、ここから出してください」「民族のために、何かできる力を私に与えてください」と祈っていたのです。そのときに願ったことが、今、少しずつ実現していることに驚いています。

釈　私も毎日、神仏に「私を日本のために役立ててください」と祈っています。今、中国・北朝鮮という国が、地獄のような状況になっています。

しかし、神を信じる人たちが一つになり、両国に住んでいる人々が自由になれるよう力を尽くす時代が近づいていると感じます。

ラビア　どんな人も、神を信じる権利、自由を持っています。しかし、ウイグルでは、数万人の人たちが、自分たちの信仰のために刑務所に投獄されています。信仰を持つ人たち、神を信じる人たちは、多くの人々を弾圧している政権・政党ときちんと戦わなければいけません。彼らの考え方を変えなければいけないのです。

日本はアジアで「自由の力」を発揮すべき

釈　ラビアさんはアメリカに来られ、民主主義というものを見て、今、中国に民主化を求めています。そうしたなかで、日本に何を期待されますか。

ラビア　日本は、アジアで最初にできた自由と民主主義の国です。だから、アメリカが世界で力を発揮しているように、日本はアジアで力を発揮してほしい。この力とは、「自由の力」「民衆の力」です。

日本は、アジアで抑圧・虐殺されている民族を救い、他国に侵略された国を自由にする。こうしたことに、もっと力を入れるべきです。それが日本の果たすべき役割、責任です。中国の覇権拡大など許してはいけません。世界の多くの国々が、日本がその役割を果たしてくれるときを待っているのです。

釈　その通りですね。日本がとても重要な立場にあるということを改めて理解しました。これから、本当に日本の政治の力が問われる時代になると思います。そのためには、日本はもっと変わらなければいけません。

私もラビアさんのように、国の母、世界の母の一人になれるよう、頑張りたいと思います。

ラビア　日本の女性たちは美しく、パワフルだと思っています。2012年、世界ウイグル会議が東京で開かれたとき、私は東日本大震災の被災地を訪れました。そこで見た女性たちは忍耐強く、たくましく頑張っていました。こういう民族からは必ず強い女性が生まれてくると信じています。

まず自信を持ってください。自分を信じてください。そして、人々を愛することです。祖国を愛し、すべてを捧げることです。

19年前、私はヒラリー・クリントン女史の若さ、パワフルさを見て、「この女性はきっと世界を変えてくれる」と感じました。あなたも、この日本や世界を変える女性になるかもしれませんね。

釈　ラビアさんは民族間の憎しみの連鎖をどうやって止めることができるとお考えですか。

ラビア　共産党政権がある限り、融和は不可能です。中国政府の体制自体が変わらなければいけません。

日本外国特派員協会で、ウイグルの惨状を訴えるラビアさん。

釈　よく分かります。私たちも、中国の体制が変わらない限り、アジアに平和はないと考えています。

最後に、なぜラビアさんはここまで強くあることができたのでしょうか。

ラビア　強くあるための力は、あなたが人々を愛するとき、祖国を愛するときにこそ出てきます。そしてあなた自身が、「自分にはその力がある」ということを認識しなければなりません。そこから出てきた力を、自分の国や国民に注ぐのです。それをしなければ、神はあなたを許しませんよ（笑）。

釈　本日は、誠にありがとうございました。

今こそ、「魂の力」を懸けるとき

「私は64年間、中国共産党がやってきたことを見てきましたが、彼らは嘘をつくこと、人々を殺すことしかやっていない」

対談でラビアさんはこう断言しました。

しかし、あくまでも、中国共産党が恐ろしい存在であることに警鐘を鳴らしているので

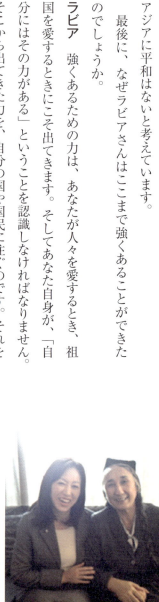

あって、漢民族に対して人種的な偏見を持っているわけではありません。

彼女は、神への信仰が、人々に愛や慈悲、許しなど、人間らしい感情を与えると信じています。だから、神を信じない共産党に洗脳されて、中国人が人間らしい感情を持てなくなったと考えているのです。

こうした人間観は、2013年に亡くなった南アフリカ共和国のネルソン・マンデラ元大統領に通じます。自伝で「報復から光は生まれず」「もし憎むことを学べるなら、愛することも学べる」と語っています。

民族への苦難を神とともに乗り越えた人々がたどり着いた許しと寛容の境地は人類の希望です。また私たちも宗教政党として、そのような普遍的な人間観から政治を考えることを原点としています。

人類が巨大な文明実験を通して何を学び、どのような未来を選択するのか。今こそ、神仏の眼差しを感じられる人々が、「魂の力」を懸けて立ち上がるときだと思うのです。

※本対談は月刊「ザ・リバティ」2014年2月号に掲載された記事を転載・加筆したものです。

夢と志を抱ける
新しい教育を！

諏訪裕子
Hiroko Suwa

千葉県在住。二男一女の母にして、障害児支援「ユー・アー・エンゼル！」運動に参加し、障害児の成長とその家族の幸福増進に取り組んでいるほか、「ネバー・マインド」でも活動している。幸福実現党党員。

木全聖子
Shoko Kimata

神奈川県在住。一男の母にして、不登校児支援スクール「ネバー・マインド」で、多くの子供たちを再登校、就職へ導いている。幸福実現党党員。

6 鼎談

× 教育事業に携わるお母さんたち

自身のお子さんも育てながら、不登校児支援や障害児支援などの教育事業にも日頃深く関わっている二人のお母さんと、日本の未来を担う子供たちを幸福にする教育のあり方について、お話ししました。

教育には「魔法」のような力がある

釈　お二人に鼎談《ていだん》をお願いしたのは、ほかでは伺えない教育に関する「生の声」が聞けるのではないかと思ったからなのです。

木全・諏訪　ありがとうございます。

釈　幸福実現党は、昨年（２０１４年）12月の衆院選でも教育改革を政策の一つの柱として訴えてきました。やはり、良質な教育による「人づくり」は国家の礎《いしずえ》です。教育がしっかりしていないと国の繁栄もないと痛感しています。

木全　おっしゃる通りです。私たちは、不登校児支援スクール「ネバー・マインド」で子供たちと接していますが、学齢期の子供たちにとって、学び、考え、努力することの大切さを知ることがいかに重要かを日々実感しています。

諏訪　幸福実現党の支持母体となっている幸福の科学は、「自助努力の精神」をとても大切にしていますよね。勉強は嫌いだと思っていたり、習熟速度がゆっくりなために自信をなくしているような子でも、「努力すれば、新しいことを学べ、理解できる」ということの喜びを実感すると、内側から自信がみなぎってきて、輝き始めるのです。日々、そういう姿をたくさん見ているので、学ぶことの大切さはひしひしと感じています。

釈　大川隆法総裁は、「教育には魔法のような力がある」と教えてくださっていますが、ネバー・マインドで勉強し、巣立っていく子供たちの姿を見ると、まさにその通りだと感じます。また、幸福の科学学園の生徒たちを見ても、良質な教育と熱心な先生方のご指導で、すくすくと成長している様子がうかがえ、彼らが「日本の未来を背負う主役たち」なのだなと実感します。

教育は「国家百年の計」

釈　「教育は国家百年の計」という言葉があるように、国を挙げて取り組むべき大きな事業だと思います。

明治政府は1872年に日本初の義務教育制度である「学制」を定め、民衆に教育を施しました。これは、時の政府が「教育こそが国家成長戦略の要」と理解していたからだと思います。その結果、日本は一躍、世界トップレベルの近代国家へと飛躍しました。

しかし、100年以上経った今、ゆとり教育で子供たちの学力が低下し、年間約18万5000件（2013年／小中高）のいじめが起きています（注1）。今はまさに明治期のような大規模な教育改革が必要とされているのではないでしょうか。それは、公教育の現場、文科省を中心とした政府の教育行政の内容、戦後教育による弊害を見れば明らかです。

（注1）文部科学省「児童生徒の問題行動等生徒指導上の諸問題に関する調査」より。

木全　最近知ったのですが、現在の「義務教育」は、「学校に行かなくても中学まで卒業できる」のですよね。

釈　それは、授業を受けなくても卒業できるということでしょうか。

木全　はい。全然学校に行かず、不登校のまま卒業式を迎えた子はたくさんいます。

釈　今は、義務教育課程でも不登校児が増えていて、中学生であれば、クラスに一人は不登校児がいるという割合になっていますね。高校まで含めると、届け出ているだけでも約17万5000人の子供（2013年／小中高）が不登校になっています（注2）。学校側も、こうした子供に対して有効な教育施策を打てていないのが現状です。

諏訪　数年前、娘が中学生のときに授業参観に行ったのですが、授業が始まってもうるさいのです。先生もはっきりとは注意しませんし、子供たちは普通の大きさの声でしゃべっていました。それから、先生に対してタメ口をきいたりするのも普通で、全体的に言葉づかいも荒かったですね。授業もそんな感じでしたので、勉強を教わる先は、もっぱら塾でした。

娘が私立の高校に入学したときは、ちょっとほっとしました。そこには教育熱心で面白い先生がいらして、子供たちはとても尊敬していたし、授業を聞く態度や予習にも力が入っていました。

釈　素晴らしい授業をする先生がいれば、生徒はきちんと敬い、ついていきますよね。幸福実現党は、そういう熱心で、子供によい影響を与えられる教師をたくさん輩出したいと考えています。

例えば、教員免許を持っていなくても、知識や経験に優れた人材であれば、教員として登用できるようにするとか、逆に、有資格者だとしても取り組む姿勢が不適格であれば、何らかの措置をするなどの対応が必要だと思います。もっと自由な発想で、いろいろな方の智慧を生かした新しい教育システムを創造したいです。

また、そのためにも、学校間での競争を促したいと考えています。今、下村博文《はくぶん》文科大臣と静岡県知事が学力テストの結果を公開するかしないかで意見が割れていますが、幸福実現党は、全国学力テストを実施し、その結果を全面的に公開することで、学校間に競争の原理を働かせ、教育の質の向上を促進すべきだと考えています。

「学校に正義がない」のは大問題

木全　学校の教育システムも改善が必要ですが、心や精神性の面にも改革が必要なのではないでしょうか。子供たちの話を聞くと、学校には正義がないと感じています。何が善で、何が悪かがはっきりしない。だから、正義感が強い子はもちろん、「普通」の感覚の子であっ

（注２）文部科学省「児童生徒の問題行動等生徒指導上の諸問題に関する調査」より。

ても、それに耐えられないのではないでしょうか。

諏訪　今の子供たちの多くは、「学校でいじめがあるのは当たり前」と思っています。

そのなかで、正義感の強い子は、友達の悪口を言うような子に注意したり、先生にも「おかしいんじゃないですか?」とはっきり言ってしまうのですけど、それがいじめの原因になったりします。普段は友達だと思って、遊んだり話したりしているのに、実はＬＩＮＥ（注３）で悪口を言われていたり、無視されるようになったりするのです。

こういう「悪口の輪」に入れない子ほど、いじめられたり、人間関係に悩んで、「私は人付き合いが苦手なんだ」と思い込み、学校に行けなくなってしまうというパターンがありますね。

釈　「正義」や「善悪」、「愛」や「慈悲」などの宗教的精神を教育現場で教えられないことから、正しい価値観を持っている子が辛い思いをしているのではないでしょうか。

また、現行の「いじめ防止対策

（注３）無料通話・メールのアプリケーションソフト。

推進法」では、いじめを放置・隠蔽《いんぺい》した教員や学校に対する罰則が設けられていないため、実際的な解決には効果が薄いように思います。幸福実現党は、教育者には、いじめに真正面から取り組むことを義務化したいと考えています。私たちの学生時代とは違い、インターネット上のいじめも悪質なものが多いので、関係機関と連携を取って徹底した防止活動をしたいです。

木全　実際、宗教教育をしっかりと根づかせた学校では、そうした問題はあまりないようです。私の息子は幸福の科学学園に通っていましたが、生徒たちはみな仏法真理を学んでいるので、善悪の基準がはっきりとしています。問題があっても、それに沿って解決しようとします。また、愛の教えも説かれていますので、悪口を言ったり、先生に反抗したりすることは、良心が痛むようで、しなくなっていくようです。

さらに、「将来どんな仕事をして世の中の役に立ちたいか」という夢や、育ててくれた家族や学校を支援してくださる方々への感謝の心、地域の方々への礼儀などが身についていき、本当に見違えるようになるのです。まさに、「魔法」の力を目の当たりにしました。

諏訪　宗教は悪いものだという偏見が蔓延《まんえん》していますが、この宗教教育の素晴らしさは、子供たちを見れば一目瞭然です。

釈　やはり、宗教的情操に基づく「徳育《とくいく》」の充実と強化は最重要ですね。現政権は、道徳の教科化を目指していますが、道徳では不十分です。例えば、「なぜ人を殺してはいけないのか」という問いに対しても、道徳では十分な答えを出せません。「人間とは何か。人間の尊厳の根本にあるのはいったい何なのか」ということが説明しきれない限り、問題は解消されないのであり、それに対する明確な答えを持っているのが宗教です。

「日本は悪いことをした」という洗脳から誇りを持てないでいる

釈 宗教に対する不信は戦後教育の負の遺産の一つですが、「正しいこと」が分からなくなっているのは、歴史認識の部分に関しても言えます。

先の大戦の後、ＧＨＱ（連合国軍最高司令官総司令部）に押しつけられた憲法と歴史教育は、日本人に誇りを失わせました。私たちは、「従軍慰安婦」や「南京大虐殺」は真っ赤な嘘であると訴えていますが、学校では真実のように教えられ、「自分の先祖がそんなにひどいことをしたのか」と傷つく子もいます。

今年は戦後70年という節目の年を迎えますが、子供たちにも、欧米列強による植民地支配からのアジアの解放と人種差別の撤廃のために、先祖の方々が勇気を持って戦ったのだという事実を教え、愛国心や誇り、世界への責任を感じられるようになってもらいたいと思います。また、国際社会にも正しい歴史認識を発信できるような、語学力・教養・説得力を身につけてもらいたいと考えています。

諏訪　今、大河ドラマ「花燃ゆ」で吉田松陰先生が取り上げられていますが、その台詞を聞くだけで感動します。松陰先生が国禁を犯してまで世界を見よう、新しい知識を得ようと考えられたのは、日本を変えようという気概や志があったのだと思います。そういう大きな熱意から、明治維新は始まったと思いますし、真実の歴史を知れば、日本という国がいかに精神性の高い国だったかが分かります。

釈　私も吉田松陰先生を尊敬しています。松陰先生の故郷である山口県の小学校では、松陰先生のお言葉を、毎朝、朗誦《ろうしょう》するそうです。小学3年生で「志を立ててもって万事の源となす」といった名言を暗記するなんて、大人でも受けたいくらいの教育です。

また山口県では、「松陰先生」のことを必ず「先生」付けで呼んでいました。松陰神社もありますが、県民の誇る偉人というより、神様なのです。このように、「立派な人です」と言いきれる偉人の存在は、公教育でもよい影響をもたらすのですね。

諏訪　努力の方向性がきちんと定まるのだと思います。「〇〇のようになれ」と言えるのでしょうね。

釈　私などは、左翼的な偏向教育を受けさせるくらいなら、大河ドラマの松陰先生の台詞のところだけ集めて観せておいてくれたほうが、よっぽどいいと思います(笑)。幸福実現党では、歴史上の偉人について学びを深められるようなカリキュラムを創設して、志高い人材を育成したいと考えています。

木全　志や夢を描く力は本当に偉大です。夢ができ、目標がはっきりすると、なぜ勉強しなければいけないのかが分かり、夢や目標に向かって努力できるようになります。

今は夢を描けないという子が多いのですが、そういう子でも、まずは「3年後の自分はどうなりたいか」という近い目標から考え、それに向かって一日一日、努力していくと、徐々に将来についても、夢を描けるようになります。子供たちは、夢を考えているときは、ワクワクして、キラキラ輝いています。それで病気が治ってしまった子や、ウツの傾向がなくなった子もいます。

「天才児教育」ができる自由な環境を

釈　幸福実現党は、飛び級、飛び級入学を認める制度の導入や、高校からは本人の適性に合った職業教育を受けられる教育体系の構築など、「才能教育」を掲げています。これは、諏訪さんが携わっている「ユー・アー・エンゼル！」運動にも関係しますね。
集団適性がない子のなかには、ある種の天才性を秘めた子たちがたくさんいるということを、私自身が目の当たりにしてきました。特に、芸術系や科学系の才能を持っている子に、そういった傾向が多い気がします。
諏訪　発達障害や自閉症の診断を受けている子は、「好きなことを何時間でも集中して続けられる」という特徴を持っていることが多いです。それは一つの才能なのですが、公教育の集団生活には適合しません。そのため、例えば病院で「発達障害」と診断されると、周りの人たちは、「あの子は病気だから仕方ない」と、教育するのを諦めるためのレッテルを貼ってしまうのです。

大切な才能が芽を出せないまま終わってしまう可能性を危惧していたので、幸福実現党の教育改革に「子供の才能を伸ばす教育」という内容が入っていて、希望を感じました。

木全　天才教育の成功事例として注目しているのは、『ぼくは数式で宇宙の美しさを伝えたい』（角川書店）という本で有名になったアメリカのジェイコブ・バーネット君です。彼は2歳で自閉症と診断されて以降、お母さんが彼の力を信じて独自の教育を施していたのですが、その後10歳で大学に進学し、14歳では大学でチューターとして教える側になっています。

子供のできないところにばかり目を向けるのではなく、子供の好きなこと、得意なことに、成長の芽があるのだと思います。この本は、子供たちの〝大好きな〟世界に大人のほうから入っていくと、子供たちが、心の中に

ある世界を見せてくれること、そこに、子供たちをどうすれば伸ばしていくことができるかのヒントがあることを教えてくれます。

諏訪　日本にも、将来活躍する使命を背負った子供たちがたくさん生まれてきていると思うのですが、そういう子供たちが今の「規制」と「結果平等」に縛られた教育システムによって潰されてしまわないよう、守ってあげたいなと考えています。

今こそ、日本の未来のために「新しい教育」が必要

釈　明治時代から始まって現在に至るまでの公教育には、もちろん成功した面もあると思います。ただ、不登校児が年間約17万5０００人、引きこもり・ニートなどの若年無業者が２００万人を超えているといわれています。この数字は、現在の学校教育の限界を象徴するものであり、イノベーションが必要だと思います。

木全　不登校は、ゆとり教育や「学校へ行かない選択」という間違った自由のなかで、いじめや学級崩壊などの問題が蔓延したため、増加していったと考えています。確かに、一斉に同じことをする管理教育では、適応しにくい子供もいますが、学校が正常に機能していないために、そこに通うことができないことがほとんどです。

この問題について、教育行政は、学校が教育の使命を果たせるよう指導するという方向

には行かず、フリースクールなどに補助金を出したりして、「不登校」というスタイルを肯定する方向に動いています。

一方で、不登校になると、出席日数が足りないということで、学力があっても、やり直したい気持ちがあっても、普通の高校には行けない仕組みになっています。そのため、不登校専門の高校や大学があり、レポートのようなものを提出するだけで「卒業」や「学歴」が与えられます。ただ、それでは、仕事ができるだけの学力や精神力は十分に育っておらず、社会人になっても、仕事に就けなかったり、続かなかったりで、引きこもりになってしまうことが多いようです。ここにも補助金が出ているのですが、国のお金を使って「引きこもりを増産している」ように見えます。

釈　政府は教育の中身の改革というより、補助金を出せば教育行政を全《まっと》うしていると考えているようですが、実態は、「無教育」の温床になってしまっていますね。

「やればできる、やらねばできぬ」ということが子供の頃に摑《つか》まなければならない、一番大事な悟りだと思うのですが、今の文科大臣は、大学の無償化まで言い出しており、子供が努力

郵便はがき

料金受取人払郵便

赤坂局承認

8228

差出有効期間
平成29年11月
30日まで
(切手不要)

107-8790

112

東京都港区赤坂2丁目10−14
幸福の科学出版(株)
愛読者アンケート係 行

ご購読ありがとうございました。お手数ですが、今回ご購読いただいた書籍名をご記入ください。

書籍名

フリガナ お名前	男・女	歳
ご住所 〒 都道府県		
お電話 ( ) −		
e-mail アドレス		
ご職業 ①会社員 ②会社役員 ③経営者 ④公務員 ⑤教員・研究者 ⑥自営業 ⑦主婦 ⑧学生 ⑨パート・アルバイト ⑩他 ( )		
今後、弊社の新刊案内などをお送りしてもよろしいですか? (はい・いいえ)		

愛読者プレゼント☆アンケート

ご購読ありがとうございました。今後の参考とさせていただきますので、下記の質問にお答えください。抽選で幸福の科学出版の書籍・雑誌をプレゼント致します。(発表は発送をもってかえさせていただきます)

1 本書をどのようにお知りになりましたか?

①新聞広告を見て [新聞名:]
②ネット広告を見て [ウェブサイト名:]
③書店で見て ④ネット書店で見て ⑤幸福の科学出版のウェブサイト
⑥人に勧められて ⑦幸福の科学の小冊子 ⑧月刊「ザ・リバティ」
⑨月刊「アー・ユー・ハッピー?」 ⑩ラジオ番組「天使のモーニングコール」
⑪その他 ( )

2 本書をお読みになったご感想をお書きください。

3 今後読みたいテーマなどがありましたら、お書きください。

ご感想を匿名にて広告等に掲載させていただくことがございます。ご記入いただきました個人情報については、同意なく他の目的で使用することはございません。

ご協力ありがとうございました。

しない方向の政策を出しています。「地獄への道は善意で舗装されている」と言うように、この「一見優しい」政策というのは、結局、子供たちを堕落させ、国を衰退させるので、文科省の方針には抜本的な改革が必要だと思います。

これからの未来社会で活躍できるような子供を育てるための新しい教育ソフトが、今、求められているのではないでしょうか。

その意味では、学校設立の自由化を進め、塾を学校として認めたり、多様な教育を選べるようにすることが必要です。また、教育バウチャー制度を導入することによって、各家庭における教育の機会均等を実現しつつ、競争による学校経営のサービス向上を促すことが可能になると思います。

繰り返しになりますが、教育による「人づくり」が国家の礎ですから、競争の原理を働かせ、人がよくなるところに、生徒が集まるようなシステムをつくるべきだと考えます。

今日はお二人と話して、これからの時代に合った新しい教育が、どうしても必要だと改めて感じました。本当にありがとうございました。

昨年（2014年）、中国が「南京大虐殺」と「従軍慰安婦」に関する資料をユネスコ（国連教育科学文化機関）の「世界記憶遺産」に登録申請しました。申請は受理されており、今夏、その審査結果が発表されます。こうした歴史認識をめぐる問題が依然続いているなか、日本が誇りを取り戻すために今何をすべきか。長年、南京大虐殺と従軍慰安婦を否定し続けてこられた渡部昇一先生と語り合いました。

7 対談

× 上智大学名誉教授

渡部昇一

渡部昇一
Shoichi Watanabe

1930年、山形県生まれ。上智大学大学院西洋文化研究科修士課程修了。ドイツ・ミュンスター大学に留学し哲学博士号を受け、1958年、同大学名誉哲学博士授与。イギリス・オックスフォード大学特別研究生。フルブライト訪米教授。2001年より上智大学名誉教授。

日本の誇りを取り戻すために

マッカーサー自身が否定した「侵略戦争」

釈　幸福実現党では2013年から「河野談話」の白紙撤回を求める署名活動をしてきました。当初、署名される方は少なかったのですが、女性たちを強制的に慰安婦に従事させるという文書は発見できなかったことを、石原信雄《のぶお》元官房副長官が国会で証言したことなどもあり、逆に自ら署名したいという方も増えていきました。ただ一方では、私たちの活動に強く反論される方もいらっしゃいます。

渡部　その背景には、敗戦直後から進駐軍が日本人に罪悪感を持たせようとした活動が長く続いていて、学校でもそう教えたことの影響が大きいのでしょうね。

釈　戦後70年近く経った今もなお、このような状況が続いています。先生は、今後どうすればよいとお考えでしょうか。

渡部　まず、日本が侵略戦争を行ったと言われることへの回答には二つあります。一つは、日本を裁いた東京裁判ですら、中国への開戦責任を問うことができなかったということです。日本が悪いと思い込んで始まった東京裁判ですが、結局、開戦責任を示す証拠を見つけることができなかったのです。

もう一つは、東京裁判は連合国がマッカーサーに全権を委任したものであり、国際法ではなくマッカーサーが作ったチャーター（裁判所条例）で裁いたものだということです。

釈　マッカーサーが法源になっているということですね。

渡部　マッカーサーそのものなのです。ところが、そのマッカーサーが朝鮮戦争の中途でアメリカに呼び戻され、上院の軍事外交合同委員会で驚くべき証言をしているのです。上院というのは、アメリカ全体のことを決める場であり、その軍事と外交の合同委員会ですから極めて重要です。

彼はある議員の質問に答え、当時の日本の状況を言った後に、「したがって、日本がこの前の戦争に入ったのは主として自衛のためであった」と言ったのです。非常に重要なので、私はいつも英語で言うことにしています。

“Their purpose, therefore, in going to war was largely dictated by security.”です。

要するに、「日本は近代産業国家といっても持っているのは絹産業だけで、石油でもスズでも資源はアジアの海域にあった。我々がそれを売らないことにしたため、日本は1000万人から1200万

人が失業する可能性が生じ、自衛のために戦争に入ったのだ」と言ったのです。若い方にも、ぜひこの英語とその意味を覚えていただきたい。しかもそれは、東條《とうじょう》大将の宣誓供述書と同じ趣旨になっています。

釈　アメリカの上院で証言したということは、非常に重い意味を持ちますね。

渡部　その通りです。彼の日記でもなく、伝記でもなく、友人に語ったことでもありません。マッカーサーがアメリカ議会で宣誓証言した、公式中の公式発言なのです。

釈　まさに今、１９９３年の「河野談話」と、95年にアジア諸国への植民地支配と侵略を認めた「村山談話」が注目されており、先生がおっしゃった二つの事実を見直すには絶好の機会と言えます。

渡部　東京裁判で日本に中国への開戦責任を問うことができなかったことと、マッカーサー自身が日本の侵略戦争を否定したことを、日本人に改めて知ってほしいです。そして、外務省の人たちには、国の方針として海外の人に教えていただきたいです。

歴史の真実を物語る日本軍の規律の正しさ

釈　２０１５年は戦後70年となりますが、中国政府が、日中戦争時に旧日本軍の南京占領下で起きたとされる南京事件と、慰安婦問題に関する資料を、ユネスコの記憶遺産に登録するように申請したと2014年6月に発表しました。このままですと、2015年の夏頃にはこの一方的な申請により登録されかねません。

渡部　南京の問題に関しては、大虐殺があったという証拠を中国政府は持っていません。持っているわけがないのです。もともとないのですから。持っていたとしたら蔣介石政府なのですが、李登輝《りとうき》総統の頃に調べましたが、やはりありませんでした。日中戦争時、中国で一番偉かった蔣介石は、外国人記者と300回も会っていて、資料も残っていますが、南京でそうした事件があったことについて一度も発言していません。

さらに、この事件を本に書いたティンパリーという人は、一度も南京に行っておらず、伝聞で書いているのです。

釈　よく、大虐殺はなかったかもしれないが、虐殺はあったのではないかとおっしゃる方もいます。

渡部　この件について、日本「南京」学会という団体があって、亜細亜《あじあ》大学の東中野修道《しゅうどう》教授や立命館大学の北村稔《みのる》教授が徹底的に研究しました。それこそ、一小隊が何日にどこに移動したかまで全部調べたのです。研究の結果、そうした事実はなく、結論として虐殺された市民は限りなくゼロに近かったのです。

釈　この事件について東京裁判で証言したマギー牧師も、実際に自分で目撃したのは何人だと聞かれて一人だと話していますね。

渡部　それも、安全地区のなかに兵隊やゲリラが入らないように番兵が見張っているとき、制止を振り切って駆け込もうとして撃たれたものです。これは虐殺ではありません。日本は国際法に基づき市民が守られるオープンシティを勧告しましたが、中国が拒否したため街が戦場になりました。しかし、中国が安全地区とした場所には日本軍は砲撃をしませんでした。ですから、市民の虐殺は限りなくゼロに近いのです。

釈　日本軍の軍規の厳しさや、規律の正しさはそうしたところにも表れていますね。日本人は明治の頃から、人種差別を撤廃するため、そして不平等条約を撤廃するため、自ら規範でありたいと、非常に規律正しくして、海外に出たときに尊敬される日本人像を残してきています。

渡部　北清《ほくしん》事変（義和団の乱）のときも、他の列強が北京の街なかで略奪を行うなか、日本軍は故宮《こきゅう》博物館を封鎖して守り、宝庫を何一つ盗んでいません。日本軍はそういう兵隊だったのです。

未来を切り開くためにも自信と誇りを

釈　こうした日本人の美徳や、日本人の考え方について海外の方に理解を深めていただくには、どうすればよいとお考えでしょうか。

渡部　公式にやるのは難しいかもしれませんが、私の知る限り、アメリカ人のインテリ層で日本人の本当の声を聞きたいという人はたくさんいます。ところが、読むものがないのです。

私は、日本政府がＯＤＡ（政府開発援助）に使うお金の何分の一でもいいから使って、日本の書籍を翻訳して世界中の大学に配るべきだと思っています。それだけでもずいぶん違うはずです。例えば『正論』を毎号全訳するとか。

釈　私たちも、もっと海外の方に理解を深めていただくため、英語での発信に取り組んでいます。従軍慰安婦の問題についても、英文で発信を試みようとしていますが、この問題についてはアメリカで人権問題と捉えられ、もうそっとしておくべきといった声も聞こえます。

渡部　私はこの件に最初の頃から関わっていますが、日本の対応にも問題があります。従軍慰安婦の問題に関しては、ただ一点、「強制連行はなかった」と、これだけを言えばいいのです。この問題の本質は強制的に連れてきたかどうかであり、実際、そうした証拠はないわけです。状況を考えても、当時多くの警官は朝鮮人がなっていましたが、そうしたなかで20万人もの若い娘を誰がどうやって強制的に連れ去るのでしょうか。ありえないでしょう。朝鮮は平穏そのものだったのです。

釈　本当ですね。こうした問題に関しては、私たち女性も声を上げて、一つの力になっていければと思います。同時に、政治のほうでもやはりしっかりと筋を通さなければならない時期に来ていると思っています。

渡部　日本の敗戦後、外務大臣・重光葵《しげみつまもる》は、日本全権となってポツダム宣言受諾による降伏の文書に署名するという、誰もが嫌がる役を引き受け、その心境を「願わくは　御国の末の栄え行き　吾名《わがな》さげすむ　人の多きを」と詠んでいます。彼は心ならずも敗戦の署名をしたわけですが、この国がやがて栄えていって、署名した自分を軽蔑する人が増えるようにと詠《うた》っているのです。

釈　私たちの父母、祖父母にあたる世代や、その上の先人たちは、本当に国の行く末を考え、命に代えて日本を守ってくださいました。その方々がいわれなき罪を着せられることは断じて許せません。私たちとしましても、命に代えてでも、この国の誇りを取り戻すためにしっかり行動していかなければと思っています。ありがとうございました。

※本対談は2014年8月29日付「産経新聞」広告企画の記事を転載・一部修正したものです。

「自由の大国」を目指して

第47回 衆議院議員総選挙 街頭演説

《抄録》

2014年師走、幸福実現党は、全国11の比例ブロックに42名の候補者を擁立し、第47回衆院選を戦いました。私は公示日に品川駅頭で第一声をあげ、その後、全国を回り、最終日に再び品川駅前で、最後のご挨拶をさせていただきました。

今、世界は、

大いなる脅威のなかにあります。

今日、12月13日の午前、中国の習近平国家主席は、77年前に「(旧日本軍の)南京入城」があったこの日を「国家哀悼日」と定め、「日本人が暴虐の限りを尽くした」と述べました。

これからの世界は、この中国共産党一党独裁の軍事大国・中国の脅威に対して、どのように自国を守るかを賭けた戦いになるのであり、

そのために、幸福実現党は立ち上がっているのです。

幸福実現党は、世界の自由を守るために立ち上がった政党なのです。

今、世界も、日本も分断されることなく、一つにならなくてはいけません。

人間らしく尊厳を輝かせることができる国として、日本が立ち上がっていけるか、世界が存続していけるかがかかっているのです。

中国では、チベットやウイグルの人たちが弾圧されています。

そのような、人間を人間として扱わない国が隣にあるなか、自分たちの国はどうあるべきかということを考えて、私たちは政策を訴えてきたのです。

「自分の国は自分で守る」――この原則を取り戻さなくてはいけません。

お隣の中国共産党の国は、今、何を考えているか。

はっきり分かるものが、実は地図です。

中国共産党は、今年、地図を縦長にしました。

今まで中国の地図は横長でした。

ところが、縦長になったのです。

なぜか。

南シナ海全部の領有を主張し始めているのです。

もし、台湾で何かあったとき、台湾が蹂躙《じゅうりん》されたとき、2016年の台湾総統選のとき、自衛隊が守りに行くくらいでなければ、日本は守れません。

だから、憲法を改正しないといけないのです。


また、私たち幸福実現党は、「この国は自由の大国を目指すべきである」と申し上げてまいりました。


まず、経済の自由です。

今、経済はどうなっているでしょうか。

消費税が8%に上がりました。

景気の回復途上にあったのに、この国は、また不況に戻ろうとしています。

2年半後、消費税は10%に。

本当にやっていけるのでしょうか。

私たち幸福実現党は、景気をよくして、所得を増やし、企業の売上を上げ、もっと底力を活かしていく経済を実現したいのです。

消費税の増税で、財政再建につながることもなければ、年金が安心ということもないのです。

実際、国の税収は、消費税以外は全部下がっています。

減っているのです。

私たち幸福実現党は、
消費税をまず3%下げ、5%にいたします。

法人税も下げてまいります。

さらに、相続税も撤廃してまいります。


そして今、軽減税率なるものが出てきています。

これは、究極のポピュリズムです。

今回の選挙は、政治とカネの問題で始まったのではないでしょうか。

イギリスでは、お惣菜《そうざい》を買って温めてもらうと、気温よりも温かければ、税率が20%かさむそうです。

フランスでは、チョコレートのカカオの含有量で税金が違うそうです。

日本でも、6月から自民党と公明党が税制調査会を始めました。

お米やおしょうゆは軽減税率ＯＫで、パスタ、ソースは駄目と、政府がいちいち民間に口を出す時代が来るのです。

これで正気でいられますか。

私たち幸福実現党は、最も簡単で、効果的で、公平で、透明性の高いものとして、消費税の減税を掲げています。

この消費減税によって、
この国は本当に復活していくのです。

国がどの業界を支配することも、民業を圧迫することもなく、一律減税にする。これが一番公平です。

私たち幸福実現党は、今、
日本を真っ二つに割る考え方をなくそうとしています。

それは、この国がどのような国かということです。

今の子供たちは、学校で、自分の国を愛する教育をされていません。

この国は、天照大神《あまてらすおおみかみ》の太陽のような徳が、国民を照らしてきました。また皇室のルーツは天照大神である↘

と、憲法の教科書には書いてあります。

しかし、このようなことですら、今、学校教育で教えることはできません。

さらに、日本には仏教が入り、儒教が入ってきました。

日本という国は、世界で最も深い精神文化を持っている国なのです。

その誇りを、学校の先生は全く教えることができません。

まさに、この一点です。

今、教育のタブーとなっているこの一点を日本が取り戻すことを、中国共産党は一番恐れているのです。

だから、安倍首相の靖国参拝に徹底して反対しているのです。

日本は先人たちが命を懸けて守ってきてくださいました。

その方々に慰霊の思いを持つこともなく、今日まで、戦後生まれは育ってきました。

しかし、「南京大虐殺」など、見たことも聞いたこともないのです。

それが、中国の国家的な式典で、さもあったかのようなプロパガンダをして、また私たちは分断されよう↖

としています。

私たちの父祖たちは、立派な気概を持っていました。

77年前、世界で最も厳しい軍律を持って、規律正しく戦っていたのです。

なぜか。

黄色人種が差別されていたからです。

「自分たちが立派であることをもって、世界の有色人種の方々を白人の欧米列強から解放したい」――そのような気持ちもあって、父祖たちは立派であろうとしたのです。

その人たちを尊敬することさえできないのです。

私たち日本人はどんな民族なのでしょうか。

私たち幸福実現党は、

日本の教育を立て直してまいります。

その核にあるのが、世界中の方々が常識としている「宗教的な価値観」です。

日本は、今、教育行政がものすごく悪くなっております。

自民党の文科大臣が、今、考えているのは、大学の無償化です。

所得に関係なく高校の無償化を言っているのが民主党です。

高等教育を無償化するとはどういうことでしょう。

「やればできる、やらねばできぬ」――これを摑《つか》むのが若い世代にとって一番大事な悟りです。

人間にとって一番大事な、この努力する精神を、今の文科行政は奪うことになるのです。

それだけではありません。

自尊心も、学校教育が根こそぎ奪っているのです。

私たち幸福実現党は、教育に一本筋を通して、

若者たちに未来を贈りたいと思っています。

この国は誇り高い国だったのです。

努力する人が花開く国だったのです。

誰が、自分の人生を税金の形《かた》に置いて、役人の方々に託すでしょうか。

私たち幸福実現党は、

これから未来に向けて頑張ってまいります。

ありがとうございました。

（２０１４年12月13日土曜日午後7時半、ＪＲ品川駅前にて）

薬
サンドラッグ

コンタクトの
アイシティ
三菱東京UFJ銀行

幸福実現党

渋谷駅
日本一の
モバイル
ネットへ。
No.1
超速!
WiMAX

あとがき

西暦２１００—２２００年。

人々は積極的に宇宙に出て行く時代になりました。

月にはステーションづくりが進み、世界各地から１万人ぐらいが移住し、新しいエデンをつくろうと力を合わせています。

航空技術は反重力制御装置が開発され、交通事故は過去のものになるとともに、誰もが自家用車に乗るように空を飛んで出勤しています。

そのとき、日本と世界は——。


ＳＦのようではありますが、お孫さん、そしてそのお孫さんの頃には、十分現実化している未来の情景です。その未来人たちは、現代日本に生きる私たちをどのように見ているでしょうか。

江戸時代、外国の脅威に晒《さら》されて右往左往する幕府のように、「憲法九条さえ守れば平和だ」と唱えていた平成の世の人々が、その後、どうやって主権国家としての当たり前の姿を取り戻していったのか。

民間なら倒産してもおかしくない借金過多の国家経営を、どのような教訓に変えていったのか。

イスラム世界と西欧は、多様な考え方を認め合う、「宗教的寛容の精神」の基盤のもとで、手を取り合えるようになったのか。

格差を階級闘争のように捉え、貧乏の平等を押しつけた政治から、繁栄の精神を守ることができたのか。

そして、唯物論と暴力革命によって限りない不幸を生み出したマルクスの『共産党宣言』を、人類は大いなる反省とともに、捨て去ることができたのか。

それとも――。

私は、この日本を、3000年先の未来にまで輝き続ける国であってほしいと思っています。

「坂の上の雲」を突き抜けて、「太陽の昇る国」として、世界に燦然《さんぜん》と輝き、混迷する現代社会を明るく照らす、大きな使命を持つ国だと信じているからです。

そして、こうした新時代を創造する精神が、大川隆法総裁の書かれた『幸福実現党宣言』に盛り込まれていることを、人生すべてをかけて訴えていきたいと思っています。

私たちがこの世に生を享《う》けたのは、夢を実現するためです。かけがえのないこの人生を、自分の老後の安心だけでなく、未来に希望をつなげていくためです。

そしてユートピアの原点は、一人ひとりです。

まずは、心の中に、太陽を昇らせようではありませんか。今はブルドーザーのように荒れ地を切り開かなければなりませんが、やがて、新しい地平に、新時代を創造する若者たちの群像が、輝きをともなって見えてくるでしょう。

世界はこの時代に生きた人々の精神を象徴するように、数千年にわたって語り継ぐことでしょう。「太陽の昇る国」として。

今日まで多くの皆様のお励ましのもと、志を崩さず、まっすぐ戦ってまいりました。本物の気概を見て取って応援してくださる皆様の存在は、ありがたいという言葉で表現できるものではありません。必ず、ご期待を形にしてまいります。

本書の発刊にあたっては、幸福実現党の父であり創立者、大川隆法総裁のご指導のもと、多くの皆様のご協力を賜りました。この場をお借りして、深く感謝御礼申し上げます。

２０１５年１月24日

幸福実現党党首　釈量子

大川隆法 新・日本国憲法 試案

二〇〇九年六月十五日

前　文　われら日本国国民は、神仏の心を心とし、日本と地球すべての平和と発展・繁栄を目指し、神の子、仏の子としての本質を人間の尊厳の根拠と定め、ここに新・日本国憲法を制定する。

第一条　国民は、和を以て尊しとなし、争うことなきを旨とせよ。また、世界平和実現のため、積極的にその建設に努力せよ。

第二条　信教の自由は、何人に対してもこれを保障する。

第三条　行政は、国民投票による大統領制により執行される。大統領の選出法及び任期は、法律によってこれを定める。

第四条　大統領は国家の元首であり、国家防衛の最高責任者でもある。大統領は大臣を任免できる。

第五条　国民の生命・安全・財産を護るため、陸軍・海軍・空軍よりなる防衛軍を組織する。また、国内の治安は警察がこれにあたる。

第六条　大統領令以外の法律は、国民によって選ばれた国会議員によって構成される国会が制定する。国会の定員及び任期、構成は、法律に委ねられる。

第七条　大統領令と国会による法律が矛盾した場合は、最高裁長官がこれを仲裁する。二週間以内に結論が出ない場合は、大統領令が優先する。

第八条　裁判所は三審制により成立するが、最高裁長官は、法律の専門知識を有する者の中から、徳望のある者を国民が選出する。

第九条　公務員は能力に応じて登用し、実績に応じてその報酬を定める。公務員は、国家を支える使命を有し、国民への奉仕をその旨とする。

第十条　国民には機会の平等と、法律に反しない範囲でのあらゆる自由を保障する。

第十一条　国家は常に、小さな政府、安い税金を目指し、国民の政治参加の自由を保障しなくてはならない。

第十二条　マスコミはその権力を濫用してはならず、常に良心と国民に対して、責任を負う。

第十三条　地方自治は尊重するが、国家への責務を忘れてはならない。

第十四条　天皇制その他の文化的伝統は尊重する。しかし、その権能、及び内容は、行政、立法、司法の三権の独立をそこなわない範囲で、法律でこれを定める。

第十五条　本憲法により、旧憲法を廃止する。本憲法は大統領の同意のもと、国会の総議員の過半数以上の提案を経て、国民投票で改正される。

第十六条　本憲法に規定なきことは、大統領令もしくは、国会による法律により定められる。

以　上

〈大川談話 ―私案―〉（安倍総理参考）

わが国は、かつて「河野談話」（一九九三年）「村山談話」（一九九五年）を日本国政府の見解として発表したが、これは歴史的事実として証拠のない風評を公式見解としたものである。その結果、先の大東亜戦争で亡くなられた約三百万人の英霊とその遺族に対し、由々しき罪悪感と戦後に生きたわが国、国民に対して、いわれなき自虐史観を押しつけ、この国の歴史認識を大きく誤らせたことを、政府としてここに公式に反省する。

先の大東亜戦争は、欧米列強から、アジアの植民地を解放し、白人優位の人種差別政策を打ち砕くとともに、わが国の正当な自衛権の行使としてなされたものである。政府として今一歩力及ばず、原爆を使用したアメリカ合衆国に敗れはしたものの、アジアの同胞を解放するための聖戦として、日本の神々の熱き思いの一部を実現せしものと考える。

日本は今後、いかなる国であれ、不当な侵略主義により、他国を侵略・植民地化させないための平和と正義の守護神となることをここに誓う。国防軍を創設して、ひとり自国の平和のみならず、世界の恒久平和のために尽くすことを希望する。なお、本談話により、先の「河野談話」「村山談話」は、遡《さかのぼ》って無効であることを宣言する。

平成二十五年　八月十五日

いつもありがとう!!
釈量子

著者＝ **釈量子**（しゃく・りょうこ）

幸福実現党党首。1969年11月10日生まれ。東京都小平市出身。國學院大學文学部史学科卒業後、株式会社ネピアを経て、宗教法人幸福の科学に入局。学生局長、青年局長、常務理事などを歴任し、幸福実現党に入党。2013年7月に党首に就任。現在、月刊「ザ・リバティ」で「釈量子の志士奮迅」、月刊「アー・ユー・ハッピー？」で「釈量子のライジング・サン」、フジサンケイビジネスアイで「太陽の昇る国へ」、夕刊フジで「いざ！幸福維新」を連載中。著書に『命を懸ける』（幸福実現党）、『勝手にモージョ相談処』（青林堂）。

太陽《たいよう》の昇《のぼ》る国《くに》

——日本という国のあり方——

2015年 2月11日　初版第1刷

著　者　　釈 量子

発　行　　幸福実現党

〒107-0052　東京都港区赤坂2丁目10番8号

TEL(03)6441-0754

http://hr-party.jp/

発　売　　幸福の科学出版株式会社

〒107-0052　東京都港区赤坂2丁目10番14号

TEL(03)5573-7700

http://www.irhpress.co.jp/

印刷・製本　株式会社 東京研文社

落丁・乱丁本はおとりかえいたします

ISBN978-4-86395-635-3 C0095

写真：Natsuki Sakai / アフロ、時事

幸福実現党シリーズ

「集団的自衛権」はなぜ必要なのか

大川隆法著

1,500円

日本よ、早く“半主権国家”から脱却せよ! 激変する世界情勢のなか、国を守るために必要な考え方とは何か。この一冊で「集団的自衛権」がよく分かる。

釈量子の守護霊霊言

——目からウロコ! 幸福実現党の新党首の秘密

大川隆法著

1,400円

正しく、強く、そして美しく——なぜ彼女は、幸福実現党の党首になったのか? 党首の守護霊が過激に豪快に就任の抱負を語る。驚きの転生も明らかに。

幸福実現党、かく戦えり

——革命いまだ成らず

幸福の科学 第五編集局 編

1,000円

2009年に立党以来の、国師・大川隆法の先見性と、現代の志士たちの戦いの記録。立党理念から具体的政策まで、幸福実現党のすべてをコンパクトに集約。

※表示価格は本体価格(税別)です。